AF196251

Brigitta Joebstl-Berger

SPRACHSPIELE: FACHSPRACHE WIRTSCHAFT DAF

Ein universitäres Experiment

www.tredition.de

© 2021 Brigitta Joebstl-Berger

Verlag und Druck: tredition GmbH, Halenreie 40-44, 22359 Hamburg

ISBN
Paperback: 978-3-347-21876-5
e-Book: 978-3-347-21877-2

Inhalt

Vorwort

Ich bin seit fast 30 Jahren im Bereich DaF tätig und habe dabei Erfahrung in den Bereichen DaF-Vermittlung, Prüfung und Zertifizierung, Materialerstellung, Aus- und Weiterbildung, Kursplanung, –organisation und –durchführung gesammelt, habe als Sprachinstitutsleiterin für ein österreichisches Ministerium gearbeitet, war Mitarbeiterin in einem EU Projekt zur Erstellung eines Curriculums für die Fremdsprachenausbildung im Erwachsenenbereich, habe an Universitäten in Österreich, der Slowakei und in Italien gearbeitet und war Vortragende und Mitorganisatorin internationaler Kongresse für DaF.

In diesem Buch möchte ich meine 2-jährige Arbeit im Rahmen eines universitären Moduls zum Thema Fachsprache Wirtschaft DaF für einen Masterlehrgang für Sprachmittlung und interkulturelle Kommunikation an der Università degli Studi di Milano vorstellen, Durchführung und Verlauf schildern und die Ergebnisse – positive wie negative zusammenfassen.

Es sollen sowohl Probleme bei Planung und Umsetzung als auch Erfolge bei der Durchführung aufgezeigt werden und damit vielleicht nützliche Anregungen für Kolleg_innen geschaffen werden, die ebenfalls in diesem Sektor tätig sind.

Didaktische Anmerkungen in Zeiten von Coivid-19: Dieser Erfahrungsbericht bezieht sich zwar auf ein Projekt vor der Zeit des Corona-Virus, wurde jedoch von mir in der Zeit des Lockdowns 2020 verfasst, in der ich einen Masterkurs für Fachsprachen fast zur Gänze online durchführte. Da sich dabei synchrone und asynchrone Online-Lektionen als positives Instrument bei der Realisierung meiner universitären Fachsprachenkurse erwiesen, möchte ich abschließend kurz über diese Erfahrungen berichten.

Einleitung

Der vorliegende Erfahrungsbericht, den ich in Anlehnung an Wittgenstein mit *Sprachspiele Fachsprache Wirtschaft DaF* betitelt habe, gliedert sich in 11 Abschnitte. Beschrieben wird ein universitäres Modul zum Thema Wirtschaftsdeutsch bzw. Fachsprache Wirtschaft DaF, das ich in den Jahren 2017-2019 an der Università degli Studi di Milano durchführen durfte.

Im ersten Abschnitt wird die Ausgangssituation vorgestellt, die universitäre Einbettung des Moduls erklärt, das Zielpublikum, die Intention und die Zielsetzungen beschrieben.

Der theoretischen Einbettung von Programm und Methode widmet sich der zweite Abschnitt. Beschrieben werden der methodisch-didaktische Hintergrund und sprachphilosophische Einflüsse. Die Entstehung einiger methodisch-didaktischer Konzepte konnte ich im Verlauf meines Berufslebens am eigenen Leib erfahren und erproben: So konnte ich die Einführung des Bildungsansatzes CLIL in Italien durch das zuständige Ministerium, die rasante Entwicklung seiner Methodenvielfalt, die unterschiedlichen Ausformungen dieses Ansatzes an Schulen, sowie Ausbildungswege für CLIL-Unterrichtende von Beginn an miterleben: 4 Jahre konnte ich an einem italienischen Gymnasium als Lehrerin für CLIL Geschichte/Deutsch entsprechende Methoden für CLIL ausprobieren und Materialen für den Unterricht im Fach Geschichte in der Unterrichtssprache Deutsch als Fremdsprache für die letzten 3 Oberstufenklassen - inklusive Maturavorbereitung – entwickeln und einsetzen.

Mit Konstruktivismus als Lernansatz, handlungsorientierten Ansätzen wie Task-based-Learning -and-Teaching sowie Scaffolding, habe ich mich bei meiner Arbeit im Rahmen der Fremdsprachenvermittlung an Universitäten und Sprachinstituten auseinandergesetzt. So z.B. entwickelte ich an der Università di Trento für die juristische bzw. soziologische Fakultät DaF Materialien für zukünftige Juristen bzw. Soziologen, für die Claudiana - der Landesfachhochschule für Gesundheitsberufe in Bozen - fachsprachliche Materialien DaF für Pflegeberufe oder für das Österreichischen Sprachinstitut in Bratislava bzw. in Mailand DaF Materialien und DaF Konzepte für den Erwachsenenbereich. An Letztgenanntem konnte ich in Zusammenarbeit mit dem österreichischen Wissenschaftsministerium bzw. dem entsprechenden italienischen Ministerium MIUR Strategien und Konzepte sowohl für DaF für Erwachsenen als auch für die Fremdsprachenlehrerausbildung erarbeiten. Diese Erfahrungen habe ich in die Konzeption des hier beschriebenen Moduls einfließen lassen. Hinzugefügt sei hier kurz, dass der Begriff Fremdsprachenvermittlung aus der Sicht eines didaktischen Konstruktivismus vermutlich irreführend ist. Passender ist vielleicht ein Begriffspaar wie Konstruktion Fremdsprache.

Der dritte Abschnitt befasst sich kurz mit den Rollenbildern: Vortragende, Studierende und Mediatorin. Sie werden in Bezug gesetzt zu den Handlungsformen des Leitens, Lenkens und Vermittelns. Es wird über vorgefundene Erwartungshaltungen berichtet: Wer übernimmt traditionell welche Rolle? Wie verändern sich diese Rollenbilder unter dem Blickwinkel von Instruktion und Konstruktion?

Prüfung und Prüfungsmodalitäten werden im vierten Abschnitt unter die Lupe genommen. Es werden die Zielsetzungen, Art, Inhalt und Durchführung der Prüfung beschrieben. Zum besseren Verständnis werden auch die eingesetzten Beurteilungsbögen vorgestellt.

Mit einzelnen Phasen der Durchführung des Moduls beschäftigt sich der fünfte Abschnitt. Es wird ein kurzer Einblick in vorgefundene Kompetenzen und Sprachniveaus gegeben, ein Fazit zu Verlauf und Umsetzung von zwei Moduldurchgängen gezogen und die Arbeit im Modul vor dem Hintergrund von Instruktion und Konstruktion erklärt.

Textsortenauswahl und Materialerstellung als Prozess und in Zusammenarbeit mit den Studierenden bilden den Schwerpunkt des sechsten Abschnitts. Es werden die Orientierungspunkte zur Textauswahl genannt sowie die Bedeutung der Authentizität von Textsorten dargestellt.

Mit der Arbeitsweise im Modul setzt sich der siebente Abschnitt auseinander. Es geht um Interaktion mit Texten, Verstehen und Vermitteln, Recherche und Konstruktion, Analyse und Präsentation der Ergebnisse.

Die inhaltliche Konzeption sowie die Durchführung der Textanalysen bilden den Schwerpunkt im achten Abschnitt. Es werden die Intention der Analyse, der Untersuchungsgegenstand – sprachliche Phänomene und ihre Funktionen – Hilfsmittel und Arbeitstechniken vorgestellt. Ein Schwerpunkt widmet sich der Präsentation und Evaluation der Analyseergebnisse.

Exemplarisch werden in Abschnitt 9 unter dem Titel *Nahaufnahmen: Sprachspiele Fachsprache Wirtschaft DaF* zwei Sprachspiele genauer vorgestellt: Das *Sprachspiel Videoanalyse* gibt Einblicke in einzelne Arbeitsphasen mit Hilfe von Arbeitsblättern und Fragebögen. Das *Sprachspiel Fallstudie* zeigt Ausschnitte der Arbeit an einer Fallstudie.

Unter dem Titel *Die Stimme der Studierenden* wird exemplarisch ein Ausschnitt der Arbeit einer Studentin gezeigt, die einen Teil ihre Analyseergebnisse in Form von graphischen Realisierungen präsentierte.

Um den Umfang dieser Arbeit nicht zu sprengen wird sowohl in den *Nahaufnahmen: Sprachspiele Fachsprache Wirtschaft DaF als* auch in der *Stimme der Studierenden* auf eine komplette Dokumentation jedes einzelnen Arbeitsschrittes verzichtet.

Nützliche Hinweise für Vorbereitung und Durchführung eines universitären Fachsprachenkurses werden im vorletzten Abschnitt, in Form von Checklisten mit Fragen und Kommentaren aus der Praxis, angeboten.

Ein Exkurs zum Thema *didaktische Anmerkungen in Zeiten von Covid-19* bildet den letzten Abschnitt dieses Buches. Erfahrungen aus der Online-Didaktik mit virtuellen Räumen, synchronen und asynchronen Lektionen sollen deren Nützlichkeit für Projekte, wie das hier beschriebene, aufzeigen.

Das Modul

Modul 1 Fachsprache Wirtschaft DaF – Einblicke

Im Wintersemester 2017/18 bekam ich als *professoressa a contratto* (Vertragsprofessorin) an der Università degli Studi di Milano für das Departement Scienze della Mediazione Linguistica e Culturale die Möglichkeit, für Masterstudierende im 2. Jahr ein Teil-Modul (Modul 1) für den Bereich Wirtschaft als Fachsprache im Bereich DaF zu erstellen.

Das hier beschriebene Modul 1 war Teil eines Gesamtkonzepts, bestehend aus insgesamt 3 Modulen, deren Aufgabe eine theoretisch-praktische, metasprachliche Auseinandersetzung mit je einem konkret vorgegebenen Themenschwerpunkt – Wirtschaft, Medizin und Jurisprudenz - war. Zusätzlich zu den 3 Modulen wurden den Studierenden Sprachübungskurse zur Verbesserung der aktiven und passiven Sprachkompetenz angeboten. In Modul 1 sollten die Studierenden Einblicke in die Fachsprache Wirtschaft und Wirtschaftsdeutsch erhalten.

Beschreibung und universitäre Einbettung

Die wichtigsten Schlagworte im Überblick

1) Zielpublikum: Studierende für einen Master an der Università degli Studi di Milano, Scuola di Scienze della Mediazione Linguistica e Culturale, Corso di Laurea Magistrale in Lingue e Culture per la Comunicazione e la Cooperazione Internazionale

2) Jahrgang und Sprache: Jahrgang 2, Kurssprache Deutsch

15

3) Aufgabe: Konzeption und Durchführung von Programm, Kurs und Prüfung sowie Erstellung von Kursmaterialien für den universitären Gebrauch im Bereich Fachsprache Wirtschaft DaF

4) Dauer: 2 Durchgänge

   a) Durchgang 1: WS 2017/18 (Umfang: 20 Stunden)

   letzter Prüfungstermin Februar 2019

   b) Durchgang 2: WS 2018/2019: Wiederholungsdurchgang mit einer anderen Studierendengruppe

   letzter Prüfungstermin Februar 2020

5) Zu vermittelnde Kompetenzen:

   a) Sprachkompetenz Richtung C2

   b) Erkennen der Bedeutung metasprachlicher Aspekte in fachsprachlichen Texten in Hinblick auf deren Intention und Funktion

   c) Präsentations- und Vortragstechniken

Der Gesamtkurs (Corso ufficiale)

Wie bereits erwähnt war das Modul 1 Teil eines Gesamtkurse bestehend aus insgesamt 3 Modulen.

Die Zielsetzungen für den Gesamtkurs (*corso ufficiale*), der durch pa-
rallellaufende Sprachübungskurse (*esercitazioni*) flankiert wurde, laute-
ten:

> Obiettivi: Si mira a consolidare le abilità ricettive e produttive degli
> studenti nella lingua tedesca, portandoli, possibilmente, ad una
> competenza il più possibile vicina al livello C2 del Quadro Comune
> di Riferimento per la conoscenza delle Lingue, a migliorare le capa-
> cità nell'ambito della mediazione e a sviluppare ulteriormente la
> riflessione metalinguistica, anche in chiave contrastiva. In partico-
> lare verranno ampliate e sistematizzate – sia da un punto di vista
> teorico che applicato – le conoscenze morfosintattiche e lessicali
> (anche nei linguaggi specialistici). Ai moduli ufficiali si affiancano
> le esercitazioni linguistiche con esperti madrelingua. (Università
> degli Studi di Milano, 2017)

Angestrebt wurde also ein Festigen und Fundieren der rezeptiven
und produktiven Sprachkompetenzen Deutsch Richtung C2 des Gemeinsamen Europäischen Sprachenrahmens, die Kompetenzen und Fähigkeiten im Bereich der Sprachmittlung bzw. Sprachmediation zu verbessern und das metasprachliche Bewusstsein auch in kontrastiver Hin-
sicht weiterzuentwickeln. Konkret sollten diesbezüglich die morphosyn-
taktischen und lexikalischen Kenntnisse - auch im Fachsprachenbereich
- strukturiert und erweitert werden.

Intention und Zielsetzung des Masterstudiengangs

Auf der offiziellen Homepage der Fakultät wurden die Zielsetzungen für den Masterstudiengang wie folgt angekündigt.

> I corsi pongono come obiettivi la conoscenza approfondita di due lingue e culture - a scelta tra arabo, cinese, francese, giapponese, hindi, inglese, russo, spagnolo e tedesco - affiancata a solide competenze in campo economico, giuridico e sociale che aprono alle professioni legate al settore della cooperazione internazionale, delle istituzioni pubbliche, dell'imprenditoria, delle relazioni pubbliche e internazionali, oltre che all'import/export, al turismo e ai servizi e traduzioni specialistiche. (Scienze della Mediazione Linguistica e Culturale | Università degli Studi di Milano Statale, 2020)

Deklarierte Ziele für diesen Masterstudiengang waren also profunde Kenntnisse von 2 Sprachen und Kulturen – zur Auswahl standen Arabisch, Chinesisch, Französisch, Japanisch, Hindi, Russisch, Spanisch und Deutsch – unterstützt von soliden Kompetenzen in den Bereichen Wirtschaft, Jurisprudenz und Soziales, die sich im Rahmen der Internationale Kooperation sowohl im öffentlichen Bereich als auch im Unternehmensbereich bzw. Public Relations (PR) sowie Export/Import, Tourismus und im Bereich der Fachsprachenübersetzung auftun.

Nicht genauer spezifiziert wurden hier die Begriffe *profunde Kenntnisse* und *solide Kompetenzen.*

Da es mir ausschließlich um die Beschreibung meines Moduls *Fachsprache Wirtschaft DaF und Wirtschaftsdeutsch – Einblicke* geht, werde ich hier auf eine genauere Beschreibung der Module 2 und 3 verzichten.

Der Teilkurs: Modul 1

Programmauszug:

> Il corso è dedicato allo sviluppo di competenze testuali e di ascolto nell'ambito del tedesco. Durante il corso verranno presi in considerazione testi scritti autentici e brani da ascoltare; verranno utilizzate piattaforme internet dedicate al tedesco economico.
> Verranno esercitate sia le competenze attive, tramite la produzione di testi, sia le competenze passive di ascolto e comprensione. Verrà inoltre proposta l'analisi di casi di studio di carattere economico.
> Lo scopo del corso è quello di fare acquisire ai discenti varie strategie di lettura e ascolto, di analisi del testo, di riassunto e sintesi. Si lavorerà anche in piccoli gruppi. (Università degli Studi di Milano, 2017)

Zusammenfassend war die Intention von Moduls 1 der Ausbau der rezeptiven und produktiven Sprachkompetenz Richtung C2 bei gleichzeitigem Augenmerk auf metasprachliche und sprachmittelnde Kompetenzen. Schwerpunkte hierfür waren:

1) Erarbeitung von Textkompetenz im Bereich Wirtschaft DaF: Rezeptiv - Produktiv - Interaktiv
2) Strategien und Techniken zum Leseverstehen
3) Strategien und Techniken zum Seh/Hörverstehen
4) Strategien und Techniken zur Textanalyse und Textkritik
5) Strategien und Techniken zur Textzusammenfassung
6) Präsentationstechniken: Vortrag und Interaktion mit dem Publikum

Die Erarbeitung von Textkompetenz im engeren Sinne bzw. sprachlicher Handlungskompetenz im weiteren Sinne waren also die Schwerpunkte in diesem Modul.

> Textkompetenz ermöglicht es, Texte selbständig zu lesen, das Gelesene mit den eigenen Kenntnissen in Beziehung zu setzen und

die dabei gewonnenen Informationen und Erkenntnisse für das weitere Denken, Sprechen und Handeln zu nutzen. Textkompetenz schließt die Fähigkeit ein, Texte für andere herzustellen und damit Gedanken, Wertungen und Absichten verständlich und adäquat mitzuteilen. (Portmann-Tselikas, 2005, S. 1)

Gearbeitet wurde mit authentischen Hör-, Seh- und Lesetexten aus der Wirtschaft, besucht wurden Wirtschafts-Internetplattformen sowie Internetplattformen für Wirtschaftsdeutsch, wobei sowohl im rezeptive als auch im produktiven Bereich agiert wurde.

Es wurden Case Studies / Fallstudien aus der Wirtschaft untersucht und unterschiedliche Lese- und Hörstrategien (Globalverstehen, Detailverstehen, selektives Verstehen …) erarbeitet und trainiert.

Intendiert war der Erwerb unterschiedlicher Strategien und Techniken zum Textverständnis, zur Textanalyse und Textkritik, sowie unterschiedlicher Methoden der Textzusammenfassung (Notizen, Stichworte, Kurzinformation) und aktive Sprachmittlung (Kurssprache war Deutsch, in den einzelnen Phasen der Teamarbeit wurde jedoch durchaus auch Deutsch-Italienisch/ bzw. Italienisch-Deutsch gesprochen).

Gearbeitet wurde interaktiv sowohl im Plenum als auch in Kleingruppen. Ziel war kompetentes Handeln mit fachsprachlichen Texten aus dem Bereich Wirtschaft auf Deutsch. Was ich unter diesem Begriff verstehe, sollte sich in den folgenden Abschnitten klären.

Methodisch-didaktischer Hintergrund

Sprachphilosophische Einflüsse

> Ich werde auch das Ganze: der Sprache und der Tätigkeiten, mit denen sie verwoben ist, das ,Sprachspiel' nennen (Wittgenstein, 2003, S. 16)

Inspiriert durch Wittgensteins sprachphilosophische Ansätze habe ich diesen Erfahrungsbericht mit *Sprachspiele* übertitelt.

Konstruktivismus und Wirklichkeit als ein Prozess der Konstruktion und Rückbezüglichkeit, in dem Erkennen *Erfinden* und *Entdecken* bedeutet, haben mich und meine Arbeit bei der Vermittlung von DaF seit vielen Jahren geprägt. (Foerster, Glasersfeld, Hejl, Schmidt, & Watzlawick, 2016) (Glasersfeld von, 2018), (Watzlawick, 2018).

Bei der Konzeption des hier beschriebenen Moduls ging es mir daher auch um das *Wie,* das vor dem *Was* steht und dieses bedingt. Es stellt sich die Frage: Wie können der Erwerb von Fachsprache und metasprachliche (Fachsprachen)Kompetenz vor diesem Hintergrund vermittelt werden? Können Erwerb und Kompetenzen überhaupt *vermittelt* werden? Hat vermitteln nicht mehr mit *Instruktion* zu tun als mit *Konstruktion*?

Wenn wir die Wirklichkeit konstruieren, oder sie *erzeugen*, wie Maturana sagt, indem wir sie leben, dann konstruieren wir auch deren Erwerb und methodisch-didaktische Prozesse sollten dem Rechnung tragen.

„Wir erzeugen die Welt, in der wir leben, buchstäblich dadurch, dass wir sie leben." (Maturana, 1982, S. 269)

Unter diesem Blickwinkel rücken die Lernenden ins Zentrum, die Gewichtung von Instruktion versus Konstruktion gewinnt an Bedeutung, Rollenbilder wie Lehrende und Lernende verschieben sich und interessant wird der Aspekt der Kommunikation sowohl zwischen Lehrenden und Lernenden als auch zwischen den Lernenden selbst.

Ich verstehe Kommunikation als sprachliche Handlungen - in Anlehnung an die Sprechakttheorien von (Austin, 1989) und (Searle, 1971), die sprachliche Handlungen in unterschiedliche Typen von Sprechakten gliedern, und Sender, Empfänger und Botschaft dieser Handlungen betrachten.

Beginnen wir mit dem Einfluss des Konstruktivismus bzw. der Konstruktivistischen Didaktik und des Interaktionistischen Konstruktivismus auf meine Arbeit: (Reich, 2009) (Reich, 2007)

Konstruktivistische Didaktik:

Konstruktion Rekonstruktion Dekonstruktion

> Das Lehren einer Sprache ... ist kein Erklären .... Es geht nicht darin Bedeutung zu erklären, sondern eine „richtige" Verwendung von Wörtern anzutrainieren. (Wittgenstein, 2003, S. 16)

In Anlehnung an Wittgenstein und seine *Philosophischen Untersuchungen* verstehe auch ich Lehren also Sprachvermittlung nicht als Erklären, möchte aber sein Verb „antrainieren" durch die Verben *konstruieren, rekonstruieren* und *dekonstruieren* ersetzen.

Unter der „richtigen Verwendung von Wörtern" verstehe ich Sprach-kompetenz und   den Begriff *Wörter erweitere* ich auf *Texte* und den Begriff Texte noch weiter auf *sprachliches Handeln*.

In einem weiteren Schritt stelle ich den Begriff *Lehren* dem Be-griff *Lernen* gegenüber. Ich verstehe Lernen als Erkennen und Erkennen als Konstruktion der Wirklichkeit (Watzlawick, 2018) (Glasersfeld von, 2018) .

Die Lernenden erschaffen sich ihre (Sprach)Wirklichkeit, indem sie sie *erfinden* bzw. *konstruieren*. Im Mittelpunkt stehen also die Ler-nenden und ihre Konstruktionsarbeit.

Rekonstruktionsarbeit bedeutet, die Lernenden *entdecken* die (Sprach)Wirklichkeit durch die Erfindungen anderer: Betrachten Spra-che durch vorgegeben Analyseraster und Sprachkonzepte.

 Dekonstruktion schließlich *enttarnt* die (Sprach)Wirklichkeit, d.h. die Lernenden stellen fest, wie das selbst Konstruierte, das Erfunde-ne, oder das durch andere *Entdeckte* - auch anders sein könnte. Ana-lysen und metasprachliche Konzepte werden aufgedeckt.

Damit begebe ich mich in die Gesellschaft der Vertreter der *Konstruktivistischen Didaktik* (Reich, 2012), deren Ansatz ich für die Ver-mittlung von Fachsprache Wirtschaft DaF im universitären Bereich ent-lehnt und adaptiert habe. (Reich, 2005)

Bei der Analysearbeit von Wirtschaftstexten wird konstruiert, rekon-struiert und dekonstruiert: Der Prozess des Konstruierens bzw. des Er-findens aktiviert die individuelle Konfrontation mit dem Text, Rekon-struktionsarbeit entdeckt metasprachliche Konzepte anderer und De-konstruktion enttarnt deren Tauglichkeit — auch für die eigene Kon-struktion. Im Mittelpunkt stehen dabei die Lernenden bzw. Studieren-den, sie selbst sollen verstärkt durch Konstruktion der Lerninhalte we-niger durch Instruktion der Inhalte durch die Lehrende erfinden, entde-cken und enttarnen. Was dabei passiert, ist auch (Sprach)Kompetenz-erwerb.

Wissen wird durch Problemlösungsverhalten und in Interaktion mit anderen erarbeitet bzw. konstruiert. Bei der Konstruktion von Wissen können Rollen vertauscht und Lernende auch zu Lehrenden werden. Sender sind auch Empfänger und umgekehrt und die Entschlüsselung der Botschaft erfolgt durch Interaktion.

Genauere Ausführung dazu finden sich auch in den Abschnitten: *Instruktion versus Konstruktion.* Und *Rollenbilder: Vortragende, Studierende und Mediatorin.*

CLIL (Content and Language Integrated Learning)

In den letzten Jahren lag einer meiner Arbeitsschwerpunkte auch im Bereich *CLIL* d.h. dem *Content and language integrated learning* bzw. dem *Content and Language orientated Language teaching* - also der Vermittlung von Deutsch als Fremdsprache an Schulen in Rückkopplung mit einem Unterrichtsgegenstand wie zum Beispiel Geschichte, Biologie, Kunst oder Geografie. Die Lernenden erwerben mit der Fremdsprache auch fachliche Kenntnisse. Anders formuliert: Fremdsprachenkompetenz wird bei der Vermittlung und durch den Erwerb von Fachkompetenz in einem Unterrichtsgegenstand in einer L2 Sprache (1. Fremdsprache) oder L3 Sprache (2. Fremdsprache), also einer Kombination aus Sprach- und Fachlernen, erworben.

Bei der Durchführung und Umsetzung von CLIL habe ich in meinem Berufsleben eine bunte Palette vorgefunden. Auch das Goethe-Institut verweist in seinem Leitfaden *MINT und CLIL im Deutsch-als-Fremdsprache-Unterricht* auf unterschiedliche Projekte und Realisierungsformen in unterschiedlichen europäischen Ländern. (Goethe-Institut, 2018)

So gibt es die Möglichkeit einen Unterrichtsgegenstand ausschließlich in der Fremdsprache durchzuführen, teilweise oder nur einzelne Kapitel, in einem sonst muttersprachlich durchgeführten Unterricht, mittels CLIL zu erarbeiten.

Unterschiedlich ist auch die sprachliche Kompetenz der Lehrenden, die aus meiner Erfahrung in der Praxis von C2 bis B1 im fremdsprachlichen Unterrichtsfach reichen kann.

Offiziell fordert das zuständige italienische Ministero dell'Istruzione Ministero dell'Università e della Ricerca für CLIL-Lehrende das Sprachniveau C1 (CLIL, 2018)

Aus der Sicht einer konstruktivistischen Didaktik möchte ich folgendes anmerken: Wird CLIL aus der Perspektive einer Methode zur Fremdsprachen*vermittlung* angesehen und nicht aus der Perspektive des Fremdsprachen*erwerbs*, rücken die Lehrenden in den Mittelpunkt und nicht die Lernenden. Unter diesem Blickwinkel betrachten Lehrenden eher ihre *Vermittlungs*kompetenzen als den (Sprach)*Kompetenzerwerb* der Lernenden.

Wenn bei der Umsetzung von CLIL zusätzlich die Vermittlung des Inhaltes im Vordergrund steht, und dieser Inhalt mittels *Instruktion* durch die Lehrenden erfolgt, und nicht durch *Konstruktion – Re- und Dekonstruktion* durch die Lernenden, verliert auch CLIL an Effizienz beim Erwerb von Fremdsprachenkompetenz.

Auf die Begriffe *Konstruktion – Re- und Dekonstruktion* wurde im entsprechenden Abschnitt bereits eingegangen.

Task-based-Learning-and-Teaching (TBLT) und Situatives Lernen

Salopp formuliert bedeutet TBL (Task-based-Learning) integriertes Fertigkeitslernen und setzt sprachliches Handeln in den Vordergrund. Im Zentrum des Spracherwerbs und der Sprachvermittlung stehen die Lernenden bzw. Studierenden und von ihnen zu lösende Handlungsaufgaben. Zur Lösung der Aufgaben wird den Lernenden ein situationsadäquates Instrumentarium zur Verfügung gestellt, das Strategien, Techniken und Strukturhilfen auf der Text- Satz- und Wortebene umfasst. (Ellis, 2009) (Kniffka & Roelke, 2016)

Man könnte auch sagen: für die Studierenden wird je nach zu lösender Sprach-Handlungsaufgabe ein spezieller Werkzeugkoffer mit den geeigneten Werkzeugen auf der Text-, Satz- und Wortebene gepackt: Im konkreten Fall wurden Fragebögen, Arbeitsblätter, textentlastende Zusatzblätter und metasprachliche Informationen zur Verfügung gestellt.

Ein ähnlicher Ansatz findet sich im situierten Fremdsprachenlernen, der Spracherwerb jeweils in Situationen einbettet, die es sprachlich zu lösen gilt.

Ansätze für Situiertes Lernen finden sich eigentlich bereits in Wittgensteins Philosophischen Untersuchungen 43: „Die Bedeutung eines Wortes ist sein Gebrauch in der Sprache" (Wittgenstein, 2003, S. 262f)

Viel deutlicher führt den Begriff Situiertes Lernen Clancey aus:
The theory of situated learning claims that knowledge is not a thing or set of descriptions or collection of facts and rules. We model knowledge by such descriptions. But the map is not the territory: Human knowledge is not like procedures and semantic networks in a computer program. Human knowledge should be viewed as a capacity to coordinate and sequence behavior, to adapt dynamically to changing circumstances. (Clancey, 1995, S. 49)

Die verwendeten Ansätze wurden für den universitären Gebrauch im Rahmen der Vermittlung von Fachsprache Wirtschaft DaF entsprechend modifiziert.

Methodenvielfalt

In Anlehnung an die konstruktivistische Didaktik wurde von Methodenvielfalt ausgegangen. Die Methoden, die für dieses Modul und das dafür entwickelte Material gewählt wurden, sind fachdisziplinübergreifend: sie kommen aus der DaF-Didaktik, der Wirtschaft, wenn es um den Einsatz von Managementmethoden wie Gesprächs- und Vortragstechniken geht, oder dem universitären Bereich, was Recherchetechniken und Analysetechniken anbelangt, und wurden entsprechend der vorgefundenen Zielsetzung adaptiert und modifiziert.

Leittext-Methode

Hilfsmaterialen für die Studierenden wie Analyse- und Arbeitsblätter, Fragebögen u.a. wurden in Anlehnung an die Leittext-Methode entwickelt:

> Die Leittextmethode ist eine heute noch vorwiegend berufliche Ausbildungsmethode, bei der sich die Lerner selbstständig in Kleingruppen von 3-5 Personen in eine Aufgabe/Problemstellung einarbeiten. Dazu erhalten die Lerner Unterlagen mit Leitfragen und Leittexten und/oder Quellenhinweisen, die sich mit der Thematik befassen, wobei die Leitfragen als Orientierungshilfe beim Bearbeiten der Leittexte dienen. Anschließend folgt eine praktische oder theoretische Umsetzung des zuvor gelesenen. (Reich, 2007, S. 1)

Mit der Leittextmethode „wird der Wissens- und Informationserwerb handlungs- und erfahrungsbezogener." (Reich, 2007, S. 1)

Wie bereits erwähnt, wurde kompetentes Handeln mit Texten aus dem Bereich Wirtschaft angestrebt. Nach der Leittextmethode führen sechs Bausteine zu einer vollständigen Handlung. Intendiert ist dabei die Förderung der Selbständigkeit der Handelnden. (Reich, 2007)

1 Informationen sichten oder beschaffen

2 die Vorgehensweise und mögliche Alternativen in einer Gruppe planen

3 über die Vorgehensweise gemeinsam entscheiden

4 die Arbeit arbeitsgleich oder arbeitsteilig durchführen

5 das Arbeitsergebnis allein und/oder in der Gruppe kontrollieren

6 die Vorgehensweise in der Gruppe und mit dem Lernberater koordinieren (Reich, 2007)

Die *konstruktivistische Didaktik spricht* von den Phasen: Vorbereiten, Informieren, Durchführen (= Planen, Entscheiden, Machen), Präsentieren (= Kontrollieren und Bewerten), Evaluieren (= Besprechen und Abschließen). Am Ende entsteht eine Art *Werkstück,* das präsentiert wird. (Reich, 2012)

Dieses *Werkstück* war in diesem Fall die Präsentation der Ergebnisse der Analysearbeit an einem wirtschaftlichen Fachtext vor einem universitären Hintergrund, durchgeführt von den Studierenden, für ein gemischt- hauptsächlich italienischsprachliches, studentisches Publikum, gehalten in deutscher Sprache.

Scaffolding

This sociocultural approach to learning recognizes that with assistance, learners can reach beyondwhat they can do unaided, participate in new situations, and take on new roles. [...] This assistedperformance is encapsulated in Vygotsky's notion of the zone of proximal development, or ZPD,which describes the 'gap' between what learners can do alone and what they can do with help fromsomeone more skilled. This situated help is often known as 'scaffolding'. (Gibbons, 2009, S. 15)

Scaffolding, engl. „Baugerüst" wird als Begriff im Rahmen unterschiedlicher Fachdisziplinen uneinheitlich verwendet. Im Kontext von

Zweitspracherwerb wird die Metapher des Scaffolding, u. a. von Gibbons verwendet, um ein Unterstützungssystem im (sprachsensiblen) Fachunterricht zu bezeichnen (Gibbons, 2002). Bezug genommen wird hier auf den Artikel „Scaffolding" von Gabriele Kniffka in der Zeitschrift ProDaZ (Kniffka, 2010)

Scaffolding wurde im Rahmen dieser Arbeit für universitäre Bedürfnisse adaptiert und angepasst: Es ist viel mehr als nur das zur Zurverfügungstellen von Arbeitsblättern und Zusatzmaterialien, sondern ein komplexes Konzept unterteilt in Makro- und Mikro-Scaffolding und setzt Material- und Bedarfsanalyse, Lernstandsanalyse, Unterrichtsplanung und Unterrichtsinteraktion voraus. (Kniffka & Roelke, 2016, S. 113ff) Handlungsschritte, die zu einem Großteil im Rahmen der Arbeit im Modul und mit den Studierenden erfolgten.

Instruktion versus Konstruktion

Als Methode haben sowohl Instruktion als auch Konstruktion ihre Berechtigung, sie unterscheiden sich jedoch hinsichtlich Schwerpunktsetzung und Gewichtung in Bezug auf Kompetenzvermittlung und Inhaltsvermittlung.

Wo komplexes, handlungsbezogenes Wissen und dessen Anwendung im Vordergrund stehen und die (Über)Prüfung kompetenzorientiert ist, sieht Kersten Reich die Vorteile des konstruktivistischen Unterrichts. Bei großen Gruppen, wenig Zeit, viel Stoff und einer eng abgesteckten wissensorientierten Prüfung sieht er hingegen die Vorteile des instruktiven Unterrichts. (Reich, 2011, S. 236)

Für den universitären Bereich, konkret für die Konzeption dieses Moduls, dessen durchschnittliche Gruppenstärke bei circa 30-35 Studierenden lag und in dem es sowohl um Kompetenz- als auch um Inhaltsvermittlung ging, fanden beide Methoden Anwendung.

Instruktive Inhaltsvermittlung wurde nicht nur von mir selbst, sondern auch von den Studierende, meist in Teamarbeit übernommen. Das Mischverhältnis wurde an die jeweils konkret vorgefundene Studierendensituation angepasst. So wurden für den 1. Durchgang weniger metasprachliche Querverweise und Hintergrundinformationen benötigt als für die Wiederholung des Moduls mit einer anderen Gruppe von Studierenden.

Zeitliche Anteile von Instruktion und Konstruktion:

Je mehr Instruktion, desto weniger Kompetenzen werden entwickelt und dauerhaft behalten! Je mehr Konstruktion, desto mehr Kompetenzen werden breit entwickelt und dauerhaft behalten. (Reich, 2011, S. 243)

Reich bietet eine prozentuelle Aufschlüsselung der zeitlichen Anteile von Instruktion und Konstruktion im Unterricht: Er spricht von einem Verhältnis von 70% Instruktion bei hoher Stofforientierung und viel Wissensproduktion zu 30 % Konstruktion bei exemplarischen Übungen und vereinzelten Anwendungen.

Er sieht ein Verhältnis von 50% zu 50%, wenn wichtiger Stoff vermittelt und geübt wird und mit vielen eigenständigen Übungen Handlungskompetenzen trainiert werden können.

Hohe Anwendungs- und Handlungsorientierung mit großer Methoden -/Sozialkompetenz sieht Reich bei einem zeitlichen Anteil von 70% Konstruktion und 30% Instruktion, wo der Stoff exemplarisch vermittelt wird. (Reich, 2011, S. 243)

Für den universitären Bereich ist davon auszugehen, dass die Studierenden bereits über Vorwissen bzw. Kompetenzen in Bezug auf die bereits erwähnten Arbeitsphasen Vorbereiten, Informieren, Durchführen

(= Planen, Entscheiden, Machen), Präsentieren (= Kontrollieren und Bewerten), Evaluieren (= Besprechen und Abschließen) besitzen. (Reich, 2007) und daher kann erwartet werden, dass sie z.B. „einen Vortrag effektiv sowohl als Ersteller als auch als Nutzer handhaben können" (Reich, 2011). Instruktionsphasen konnten daher auch von den Studierenden selbst übernommen werden.

Textsorten- und Lernerorientierung

Ausgangspunkt waren Ansätze und Konzepte, die davon ausgehen, dass Kommunikation über Textsorten verläuft, die einen Sender, eine Botschaft bzw. Intention und einen Empfänger haben. Text bzw. Textsorten wurden dabei im weitesten Sinne verstanden, umfassten also gesprochene, geschrieben und teilweise sogar nonverbale Texte bzw. Kommunikationsformen. Nonverbale Elemente sind z.B. bei Verhandlungsgesprächen, bei Gesprächsanalysen in wirtschaftlichen Kommunikationssituationen wichtig.

Rollenbilder: Vortragende, Studierende, Mediatoren

Dem Lehrer ist es unmöglich, seine Kenntnisse dem Lerner direkt
weiterzugeben. Vielmehr hilft er dem Lerner durch sein Tun,
durch Hinweise, Fragen und Informationen, selbst Wissen zu konstruieren. (Modrow, 2002, S. 127)

Leiten, Lenken und Vermitteln

Im Rahmen des 2-jährigen Beobachtungszeitraums konnte ich fest-
stellen, dass zwar die Zielsetzungen des Kurses kompetenz- und wissensorientiert waren, die Erwartungshaltung vieler Studierender anfänglich aber eher wissensorientiert war.

Wissen, also Inhalte, sollte eher vermittelt als selbst konstruiert
werden. Die Vermittlung von Inhalten sollte eher durch Instruktion als
durch Konstruktion erfolgen. In einem derartigen universitären Sprachspiel gehen die sprachlichen Handlungen daher meist von den Vortragenden aus. Sie sind die *Sender* der zu vermittelnden *Botschaften*, die
die Studierenden *empfangen* wollen.

Neben der sprachlichen Handlung des Vermittelns stehen auch
Tätigkeiten wie das Leiten und Lenken von universitären Sprachspielen.
Im Rahmen dieser Arbeit konnte ich die Erfahrung machen, dass auch
das *Leiten* und *Lenken* anfänglich auf die Rolle der Vortragenden proje-
ziert und die Rolle der Vortragenden sehr oft mit der Rolle der Kursleі-
terin assoziiert wurde

In diesem Modul wurde versucht, Erwartungshaltungen in Bezug auf
diese Rollenbilder etwas aufzubrechen. Es wurde eine Mischform aus
Instruktion und Konstruktion angeboten sowie die teilweise Auflösung

dieser traditionellen Rollenbilder durch ein genau konzipiertes Auslagern und Übertragen des Leitens, Lenkens und Vermittelns an die Empfänger, also die Studierenden, versucht.

Das Übertragen der Rolle des Senders bzw. der Aktivitäten des Leitens, Lenkens und Vermittelns - innerhalb eines vorgegebenen Rahmens - an die Studierenden, wurde im ersten Durchgang sehr positiv aufgenommen, während im zweiten Durchgang von Seiten der Studierenden auch der Wunsch nach mehr Instruktion durch die Kursleiterin geäußert wurde.

Die Ursache darin sehe ich in einem etwas niedrigeren Sprachniveau (teilweise B1) der Teilnehmenden des zweiten Durchgangs. Die Lösung besteht in der Verbesserung des Angebots an Zusatzmaterial und Hilfestellungen durch eine intensivere Rückkopplung mit den Studierenden.

Eine Möglichkeit, die sich besonders mit Hilfe der Online-Didaktik sehr erweitert hat. Überlegungen dazu finden sich im Anschnitt: *Virtuelle Räume, synchrone und asynchrone Online-Didaktik.*

Zurück zu den Rollenbildern, zum Thema des Leitens, Lenkens und Vermittelns, zu Instruktion und Konstruktion.

> Instruktionen führen leicht zu einer Verengung von Perspektiven, einer Bevorzugung bestimmter Zugänge und einer Beschränkung von Ergebnissen. (Reich, 2011, S. 239)

Gerade für Studierende eines Masterstudiengangs für Internationale Kommunikation, die in öffentlichen Bereichen wie Schulen oder in wirtschaftlichen Sektoren arbeiten werden, erschien es einsichtig, dass Kompetenzen wie Leiten, Lenken und Vermitteln, Vortragen und Zuhören auch aktiv erarbeitet und verbessert werden sollten, ein ausgewogenes Verhältnis von Instruktion und Konstruktion notwendig sei und Instruktion auch von den Studierenden selbst erfolgen könne. Zu diesem Zweck wurde auch an Vortrags- und Präsentationskompetenzen gearbeitet. Die Studierenden bekamen diesbezügliches Feedback im Rahmen der Präsentationen einzelner Arbeitsergebnisse sowohl von den Studierenden selbst als auch von mir als Leiterin des Moduls.

> *Anwendungsbezogenes Wissen ... kann kaum hinreichend instruiert werden. ... Konstruktionen sind sinnvoll ... in Mehrperspektivität, Multimedialität und Multiproduktivität, um hier drei Bedingungen konstruktivistischer Didaktik zu nennen.* (Reich, 2011, S. 239)

Prüfung und Prüfungsmodalitäten

Beurteilung der Studierenden – Beurteilungsbögen

Die Beurteilung zielte auf rezeptive und produktive Sprachkompetenz, metasprachliche Kompetenz, Text-Analysekompetenzen, wobei der Begriff *Text* sowohl schriftliche als auch mündliche Textsorten (Audio, Video) aus dem Bereich Wirtschaft umfasste, und schließlich Vortrags-, Präsentations- und Interaktionskompetenz im Bereich Deutsch als Fremdsprachen / Wirtschaft.

Es wurden 2 unterschiedliche Beurteilungsbögen entwickelt bzw. verwendet:

A) Beurteilungsbogen für die mündlichen Präsentationen

B) Beurteilungsbogen für das Prüfungsgespräch

A) Beurteilungsbogen: mündliche Präsentation einer Video- bzw. Textanalyse: (Abb. 1)

Dieses Beurteilungsschema wurde in 3 unterschiedlichen Situationen verwendet:

1) im Rahmen der interaktiven Arbeit im Modul

2) im Rahmen der Teilprüfung – dem *Esame Parziale* - am Ende des Moduls

3) für den 1. Teil im Rahmen der mündlichen Gesamtprüfung, der *Esami Orali*

35

Das Beurteilungsschema wurde den Studierenden bereits am Beginn des Moduls vorgestellt und am Beginn der jeweiligen Prüfung nochmals ausgehändigt. Zusätzlich diente es im Rahmen der interaktiven Arbeit mit den Studierenden im Kurs selbst als Orientierung- und Beurteilungshilfe zur Feststellung der vorhandenen Sprach- und Handlungskompetenzen.

Sogenannte Non-Frequentanti, also Prüfungskandidat_innen, die nicht am Kurs selbst teilnahmen, fanden diese Informationen gemeinsam mit den entsprechenden Materialen und weiterführenden Links auf der entsprechenden Online-Plattform Ariel für diesen Kurs. (Ariel Portale , 2020) Auf diese Weise wurden die erwarteten Kompetenzen sowie die geforderten Techniken und Strategien für diese Prüfung klar definiert bekannt gegeben.

In Anlehnung an die konstruktivistische Didaktik wurde den Studierenden somit für die Prüfungsvorbereitung - frei nach der Leitfragenmethode - eine praktikable Orientierungshilfe angeboten.

Beurteilungskriterien und Prüfungsschwerpunkte (Prüfungsbogen)

1) Analyse und Textverständnis: 30%

Dieser Aspekt erhielt eine Prüfungsgewichtung von 30%.

Die Vortragenden / Studierenden sollten zeigen, dass sie den (schriftlichen) Ausgangstext verstanden und entsprechend den geforderten Kriterien analysiert hatten und in der Lage waren, Textinhalt, Ergebnisse der Textanalyse und die entsprechende Terminologie mit eigenen Worten zu präsentieren und zu paraphrasieren.

Zur Erfüllung dieser Aufgabe hatten die Studierenden ein Arbeitsblatt zur Textanalyse erhalten, das auch im Rahmen der interaktiven Arbeit im Kurs eingesetzt worden war.

2) Kommunikationsziel: 20%

Dieses Kriterium umfasste 20% der Gesamtprüfung. Beurteilt wurde die Transferleistung bzw. Mediationsarbeit: Ein Text (auch Video) aus dem Bereich Wirtschaft sollte in ein mündliches Präsentationsformat transformiert werden. Komplizierte Inhalte und die Ergebnisse adäquater Textanalyse sollten mittels einfacher, übersichtlicher und klarer Darstellungsweise anderen erklärt werden. Die Vortragenden sollten auf Fragen und Unterbrechungen von außen (Publikum) adäquat reagieren können.

3) Struktur und Gliederung: 10%

Mit 10% wurde die Kompetenz zur Strukturierung und Gliederung der Präsentationsarbeit gewichtet. Wichtige Aspekte hierfür waren:

- Klare Abgrenzung von Einleitung / Hauptteil / Schlussteil

- verständliche und vom Publikum nachvollziehbare Gliederung

- Wiederholen bzw. Wiederaufgreifen von Gesagtem – Pausen ...

- Neues an Bekanntes anknüpfen

Mit anderen Worten wurden hier Aspekte in Bezug auf die Kohärenz des Vortrags beurteilt.

4) Sprache: 10%

10% der Gewichtung wurden der situationsadäquaten Sprechgeschwindigkeit, korrekter Prosodie, sowie der Flüssigkeit und Verständlichkeit der Aussprache beigemessen.

5) Folie(n): 5%

5% der Beurteilung wurden der Gestaltung und dem Einsatz der Folien / PowerPoint / Prezi zugeordnet: Kriterien waren: Publikumsorientierung, Übersichtlichkeit, Klarheit, Verständlichkeit, Layout und Sprache. Beurteilt wurde auch wie effizient und harmonisch die Folien in die Ausführungen integriert wurden.

6) Nonverbales Verhalten: 5%

Ein für die Studierenden scheinbar noch recht neuer Aspekt war die Beurteilung des nonverbalen Verhaltens, das 5% der Gesamtbeurteilung ausmachte.

Vortragstechniken, situationsadäquater Einsatz von Mimik und Gestik, die Bedeutung von Blickkontakt und Körperhaltung waren Bestandteil der Arbeit im Modul und waren mit den Studierenden erarbeitet und besprochen worden.

7) Formale Richtigkeit: 20%

Der Korrektheit in Bezug auf Morphologie, Syntax, Textgrammatik (Verknüpfungen, Verweise) wurden 20% beigemessen.

Beurteilungsraster mündliche Präsentationen

Beurteilungsschema – Präsentation - Video- /Textanalyse:

TITEL: _____ Datum:_____

Zuname:_____ Vorname:_____ Matrikelnummer_____

Analyse + Textverständnis: 30%	8	7	6	5	4	3	2	1	0

Die/der Vortragende hat den (schriftlichen) Ausgangstext verstanden, entsprechend der geforderten Kriterien analysiert und ist in der Lage, den Inhalt sowie die Ergebnisse der Textanalyse und die entsprechende Terminologie mit eigenen Worten zu paraphrasieren.

Kommunikationsziel: 20%	6	5	4	3	2	1	0

Transferleistung und Mediationsarbeit: Einen Text aus dem Bereich Wirtschaft (auch Video) in ein mündliches Präsentationsformat umwandeln. Komplizierte Inhalte und die Ergebnisse adäquater Textanalyse mittels einfacher, übersichtlicher und klarer Darstellungsweise anderen erklären und auf Fragen und Unterbrechungen von außen adäquat reagieren können.

Struktur und Gliederung: 10%	3		2		1		0	

- Klare Abgrenzung von Einleitung / Hauptteil / Schlussteil
- verständliche und vom Publikum nachvollziehbare Gliederung
- Wiederholen bzw. Wiederaufgreifen von Gesagtem – Pausen …
- Neues an Bekanntes anknüpfen

Sprache: 10%	3		2		1		0	

- situationsadäquate Prosodie und Sprechgeschwindigkeit
- Flüssigkeit, Verständlichkeit

Folie(n): 5%	2		1		0	

Gestaltung: publikumsorientierte, übersichtliche, klare, verständliche Optik und Sprache

Einsatz: harmonisch und effizient in die Ausführungen integriert

Nonverbales Verhalten: 5%	2		1		0	

Vortragstechniken: Situationsadäquatheit von Mimik / Gestik / Blickkontakt / Körperhaltung

Formale Richtigkeit: 20%	6	5	4	3	2	1	0

- Orthografie, Morphologie, Syntax, Textgrammatik (Verknüpfungen, Verweise)

UNIMI LIN II Fachsprache Wirtschaft Brigitta Joebstl-Berger

Abbildung 1 Beurteilungsraster mündliche Präsentationen Quelle: Eigene Darstellung

B) Beurteilungsbogen: Analysegespräch *(Abb. 2)*

Für den 2. Teil der mündlichen Prüfung im Rahmen der sogenannten *Esami Orali* wurde zusätzlich ein Beurteilungsraster für das Analysegespräch, in Anlehnung an die Beurteilungsrastern der internationalen Zertifikate DaF des Goetheinstituts bzw. des Österreichischen Sprachdiploms ÖSD, entwickelt. (Glaboniat & u.a., 2013) (Goethe-Institut, 2014, S. 42, 44) (Goethe-Institut, 2018)

Im Analysegespräch wurde über einen Text aus der Materialiste gesprochen, die den Studierenden auf der entsprechenden Online-Plattform Ariel (Ariel Portale, 2020) zur Verfügung standen. Genaueres siehe *Abschnitt Verlauf der Prüfung.*

Überprüft wurden Kompetenzen in den Bereichen: Produktion (inhaltliche Angemessenheit und Ausführlichkeit), Interaktion (Gesprächsfähigkeit) und Analyse (Strategie / Gesprächsführung). Weiters wurden Kohärenz und Flüssigkeit (Verknüpfungen, Sprechtempo sowie Gesprächsflüssigkeit), Ausdruck (Flexibilität in Bezug auf Wortwahl, Qualität der Umschreibungen, Häufigkeit der Wortsuche), Korrektheit in Bezug auf Morphologie und Syntax sowie Aussprache und Intonation (Laute, Wortakzent, Satzmelodie) beurteilt.

Beurteilungsraster: Analysegespräch

LIN II UNIMI MODULO ANALYSEGESPRÄCH Wirtschaftsdeutsch

Matricola	Nome, Cognome			Datum	Voto

Insgesamt 15 Punkte: Voto: Das Endergebnis wird mit 2 multipliziert

I Erfüllung der Aufgabenstellung	2,5 Punkte	2 Punkte	1,5 Punkte	1 Punkt	0 Punkte
1. Produktion Inhaltliche Angemessenheit Ausführlichkeit	sehr gut und sehr ausführlich	gut und sehr ausführlich	gut und ausführlich genug	unvollständig Äußerung und zu kurz	viel zu kurz bzw. fast keine zusammenhängenden Sätze
2. Interaktion Gesprächsfähigkeit	sehr gut und sehr interaktiv	gut und interaktiv	Gesprächsfähigkeit vorhanden, aber nicht sehr aktiv	Beteiligung nur auf Anfrage	große Schwierigkeiten, sich überhaupt am Gespräch zu beteiligen

I Erfüllung der Aufgabenstellung	2,5 Punkte	2 Punkte	1,5 Punkte	1 Punkt	0 Punkte
3. Analyse Strategie / Gesprächsfähigkeit	Analytische Kompetenz uneingeschränkt gezeigt	Analytische Kompetenz wird noch gezeigt	Analytische Kompetenz wird nicht immer gezeigt	Analytische Kompetenz wird nur selten gezeigt	Analytische Kompetenz wird nicht gezeigt

II Kohärenz und Flüssigkeit	2,5 Punkte	2 Punkte	1,5 Punkte	1 Punkt	0 Punkte
Verknüpfungen Sprechtempo, Flüssigkeit	sehr gut und klar zusammenhängend, angemessenes Sprechtempo	gut und zusammenhängend, noch angemessenes Sprechtempo	nicht immer zusammenhängend ODER: teilweise unflexible Wiedergabe von Auswendiggelerntem	stockende, bruchstückhafte Sprechweise beeinträchtigt die Verständigung stellenweise ODER: großteils unflexible Wiedergabe von Auswendiggelerntem	abgehackte Sprechweise, sodass zentrale Aussagen unklar bleiben ODER: Ausschließlich unflexible Wiedergabe von Auswendiggelerntem

III Ausdruck	2,5 Punkte	2 Punkte	1,5 Punkte	1 Punkt	0 Punkte
Wortwahl Umschreibungen Wortsuche	sehr gut, mit wenig Umschreibungen und wenig Wortsuche	über weite Strecken angemessene Ausdrucksweise, jedoch einige Fehlgriffe	vage und allgemeine Ausdrucksweise, die bestimmte Bedeutungen nicht genügend differenziert ODER: Ausdrucksweise teilweise unflexible Wiedergabe von Auswendiggelerntem	situationsunspezifische Ausdrucksweise und größere Zahl von Fehlgriffen ODER: Ausdrucksweise großteils unflexible Wiedergabe von Auswendiggelerntem	einfachste Ausdrucksweise und häufig schwere Fehlgriffe, die das Verständnis oft behindern ODER: Ausdrucksweise ausschließlich unflexible Wiedergabe von Auswendiggelerntem

IV Korrektheit	2,5 Punkte	2 Punkte	1,5 Punkte	1 Punkt	0 Punkte
Morphologie Syntax	nur sehr vereinzelte Regelverstöße	stellenweise Regelverstöße mit Neigung zur Selbstkorrektur	häufige Regelverstöße, die das Verständnis noch nicht beeinträchtigen	überwiegend Regelverstöße, die das Verständnis erheblich beeinträchtigen	in großen Teilen völlig unverständlich

V Aussprache und Intonation	2,5 Punkte	2 Punkte	1,5 Punkte	1 Punkt	0 Punkte
Laute Wortakzent Satzmelodie	kaum wahrnehmbarer fremdsprachlicher Akzent	ein paar wahrnehmbare Regelverstöße, die aber das Verständnis nicht beeinträchtigen	deutlich wahrnehmbare Abweichungen, die das Verständnis stellenweise behindern	wegen Aussprache ist beim Zuhörer erhöhte Konzentration erforderlich	wegen starker Abweichungen von der Standardsprache ist das Verständnis fast unmöglich

BRIGITTA JOEBSTL-BERGER

Abbildung 2 Beurteilungsraster Analysegespräch Quelle: Eigene Darstellung in Anlehnung an Beurteilungsraster der Zertifikatsprüfungen ÖSD (2013, S. 137-139) bzw. des Goethe Instituts (2018, S. 48,55) (2014, S. 42,44)

Fazit und Anmerkungen:

Grundsätzlich eigneten sich die Beurteilungsbogen sehr gut für die Prüfung. Den Studierenden konnte damit Transparenz und größtmögliche Objektivität geboten werden.

Zukünftig wird der Bereich *Analysekompetenz* durch das Kriterium *Umsetzung* erweitert, d.h. es wird nicht nur die *Strategie*, die bei der Textanalyse verwendet wird, betrachtet, sondern auch deren Umsetzung.

Verlauf der Prüfung:

Den Studierenden standen 2 Möglichkeiten zur Ablegung der Prüfung zur Verfügung: Entweder legten sie diese als sogenannten *Esame Parziale* (einer Teilprüfung) im Rahmen des Moduls Fachsprache Wirtschaft an dessen Ende ab, oder im Rahmen der sogenannten *offiziellen mündlichen Prüfungstermine, der Esami Orali*, die eine Gesamtprüfung über alle 3 Teilmodule darstellte.

Im Rahmen des sogenannten *Esame Parziale*, das in 2erTeams abgelegt werden konnte, hatten die Studierenden verstärkt die Möglichkeit, ihre *Schlüsselkompetenzen* (Nünning, 2008) oder (Kommission, Europäische, 2007) in den Bereichen Wissenschaftliches Schreiben, Rhetorik und Präsentation sowie Zeitmanagement zu demonstrieren.

Auf der Basis der im Modul erarbeiteten Kompetenzen betreffend die Metasprache, Textanalysetechniken und -strategien, Vortrags- und Präsentationstechniken stellten die Studierenden in 2er Teams die Ergebnisse der Textanalyse eines von ihnen gewählten Textes aus dem Bereich Wirtschaft interaktiv - mittels Prezi oder PowerPoint - einem Publikum vor.

Die offizielle mündliche Gesamtprüfung im Rahmen der *Esami Orali* bestand aus 2 Teilen: einer Einzelpräsentation einer Textanalyse eines Texte – Seh/Hör/Lesetext - aus dem Bereich Wirtschaft, den die Studierenden selbst wählen konnten und eines anschließenden Analysegesprächs über einen Text aus der vorgegebenen Materialiste.

Durchführung und Umsetzung: Modul 1

Ausgangssituation, Fazit und Anmerkungen

Ich möchte hier einen kurzen Einblick in die vorgefundene Situation in Bezug auf die Studierenden, ihre Kompetenzen und ihr metasprachliches Wissen geben.

Die folgenden Ergebnisse in Bezug auf Sprachniveau, Textanalysekompetenz, metasprachliche Kompetenz und Sprachmittlung sowie in Bezug auf Präsentations- und Vortragskompetenz wurden einerseits im Rahmen der interaktiven Zusammenarbeit zwischen den Studierenden und mir - als Vortragende, Mediatorin bzw. Coach - im Modul selbst ermittelt andererseits im Rahmen der jeweiligen Teilprüfungen gewonnen.

Die lernerorientierte Kurskonzeption sowie der Umstand, dass die Studierenden ihre sprachliche Kompetenz im Kurs in Form von Kurzvorträgen, schriftlichen bzw. mündlichen Zusammenfassungen einzelner Arbeitsschritte oder mündlichen Diskussionsbeiträgen und Feedbacks unter Beweis stellen mussten, ermöglichte eine spontane und maßgeschneiderte Reaktion auf vorgefundene Mängel.

1. Sprachniveau: sehr uneinheitlich sowohl modulintern als auch in Bezug auf die beiden Vergleichsmodule:

Durchgang 1: durchschnittliches Sprachniveau der Kursteilnehmer / Frequentanten zwischen B2/C1

Durchgang 2: durchschnittliches Sprachniveau der Kursteilnehmer / Frequentanten zwischen B1/B2

Das unterschiedliche Sprachniveau in den beiden Durchgängen wirkte sich auch auf die interaktive Arbeit in den Kursen selbst aus. Während im 1. Durchgang spontanes, sprachliches Interagieren im Kurs problemlos möglich war, musste im 2. Durchgang mehr Zeit für die Durchführung der einzelnen Arbeitsaufgaben eingeplant werden. Arbeitsblätter und Arbeitsweise mussten modifiziert werde. Das Angebot an Zusatzmaterial wurde erhöht.

Wie an anderer Stelle erwähnt, führten die Studierenden im Rahmen des Gesamtmoduls – das aus 3 Modulen bestand – auch Sprachtrainingskurse durch. Das Sprachniveau verbesserte sich also teilweise im Verlauf des Moduls.

Einen schwer zu kalkulierenden Faktor bildeten jedoch die sogenannten Nicht-Frequentanten. Da die Überprüfung der Sprachkompetenz im Rahmen der interaktiven Arbeit im Modul selbst erfolgte und nicht für die Nicht-Frequentanten durchgeführt werden konnte, wäre die Bereitstellung einer zusätzlichen Materialbox, die Angebote und Querverweise für unterschiedliche Sprachniveaus enthält, auf der Online-Plattform für dieses Modul sinnvoll.

2. Textanalysekompetenz: sehr uneinheitlich sowohl modulintern als auch in Bezug auf die beiden Vergleichsmodule (Durchgang 1 und Durchgang 2): geringes bis mittleres Instrumentarium an Strategien und Techniken

3. Metasprachliche Kompetenz: sehr uneinheitlich sowohl modulintern als auch in Bezug auf die beiden Vergleichsmodule (Durchgang 1

und Durchgang 2): geringes bis mittleres Inventar zur Überprüfung metasprachlicher Inhalte in Bezug auf Fachsprache Wirtschaft

4. Sprachmittlung Präsentations- und Vortragskompetenz: sehr uneinheitlich sowohl modulintern als auch in Bezug auf die beiden Vergleichsmodule (Durchgang 1 und Durchgang 2): großteils mangelnde Kenntnisse bzw. Kompetenzen hinsichtlich Vortrags- und Interaktionstechniken, publikumsorientierem Sprechen und der Bedeutung von non-verbaler Kommunikation

Das Angebot an Grundlagenmaterial bzw. Querverweisen zur Thematik Präsentations- und Vortragstechniken wird für mögliche Folgekurse ausgebaut. Mit Einverständnis der Studierenden wäre ein Mitfilmen einzelner Präsentationen und der entsprechenden Feedbacks denkbar. Diese Kurz-Videos könnten auf der Internetplattform *Ariel* (Ariel Portale , 2020) für die Studierenden und Nicht-Frequentanten zugänglich gemacht werden. Sie wären ein nützliches Tool zur Erarbeitung von Mediations-, Vortrags- und Präsentationskompetenzen.

Instruktion versus Konstruktion

Wie bereits erwähnt war Vermittlung von Fachsprache Wirtschaft DaF nicht nur instruktive Vermittlung von metasprachlichen Inhalten, sondern auch konstruktives Erarbeiten dieser Inhalte und interaktives Präsentieren der gewonnenen Erkenntnisse und Ergebnisse. Eine Textanalyse nur um der Textanalyse wegen reduziert die Möglichkeiten der Sprach-Kompetenzerweiterung im Bereich DaF erheblich. Da die Studierenden aber nicht nur ihre Sprach-Kompetenz, sondern auch ihre metasprachliche Kompetenz erweitern sollten, wurde eine Mischung aus Instruktion und Konstruktion gewählt: Ein instruktiver Informations-Input in Form von Plenarvorträgen, die teilweise auch von den

Studierenden selbst gehalten wurden, wurde von interaktiver Analyse-Arbeit an konkreten Textbeispielen sowie Team-, oder Einzelpräsentationen der jeweiligen Arbeitsergebnisse begleitet.

Der Aufbau und die Struktur der gewählten Textsorten wurden in Bezug auf deren Makro- und Mikro-Ebene untersucht, erkannt und bewusst gemacht.

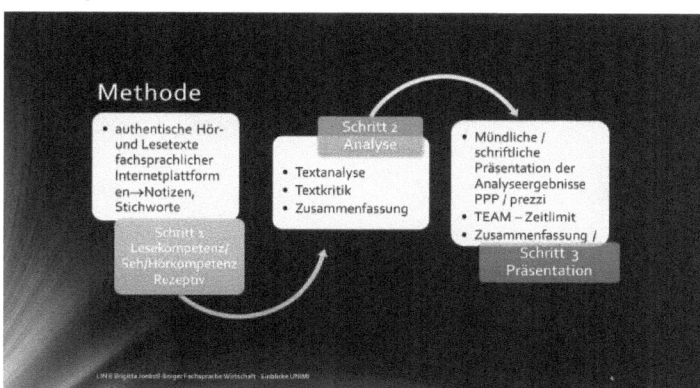

Abbildung 3 Graphik für Studierende Arbeitsmethoden Quelle: Eigene Darstellung

Zeitliches Limit

Ein Faktor in dieser wie Zahnräder ineinandergreifenden Konzeption war die Zeit. In realen wirtschaftlichen Sprachspielen steht Akteuren oft nur wenig Zeit zu Verfügung, um ihre Meinung auszudrücken, Kunden oder Vorgesetzte zu überzeugen oder Präsentationen zu halten. Etwas in kurzer Zeit auf den Punkt bringen zu können und auch unter zeitlichem Druck verständlich zu agieren, ist eine nicht zu unterschätzende Kompetenz, die auch in diesem Kurs trainiert werden sollte. Viele Handlungsprozesse im Kurs mussten daher im Rahmen eines zeitlichen Limits erfüllt werden.

Der Faktor Zeit steht auch in direkter Rückkoppelung mit der Kursgröße. Je mehr Studierende im Kurs sitzen, desto schwieriger wird es, Interaktionsraum für die Teilnehmenden zu ermöglichen.

Hilfreich im Umgang mit dem Aspekt Zeit ist die Online-Didaktik. (Siehe Abschnitt: *Synchrone und asynchrone Online-Didaktik*) Die Studierenden erhalten die Möglichkeit, einzelne Arbeitsschritte in Form von Kurz-Videos asynchron vorzustellen und eventuell zur anschließenden Diskussion - synchron oder asynchron - freizugeben.

Das Material

Textsortenauswahl und Materialerstellung als Prozess in Zusammenarbeit mit den Studierenden

Im Rahmen von 2 Jahren wurden auf der Basis der beschriebene Ausgangssituation ein maßgeschneidertes Konzept bzw. Programm und entsprechende Materialien und Unterlagen entwickelt. Ich konnte dasselbe Modul – Dauer 1 Semester – zwei Mal durchführen und hatte daher 2 ganz unterschiedliche Jahrgänge und Student_innengruppen als Mitwirkende und Zielgruppen zur Verfügung.

Wesentlicher Aspekt bei der Erstellung und Auswahl der Materialien war die enge Zusammenarbeit und Rückkoppelung mit den Studierenden, die es ermöglichte, die ursprünglich konzipierten Ansätze bzw. Materialien kontinuierlich und bedarfsgerecht zu modifizieren und zu verbessern. Bei der Konzeptionsarbeit leisteten mir die Studierenden sowohl im Rahmen ihrer kursinternen Mitarbeit als auch im Rahmen ihrer Prüfungs- bzw. Abschlussarbeiten wertvolle Hilfe.

Gemeinsamer Europäischer Referenzrahmen für Sprachen (GER)

Die Basis für die Programm- und Materialerstellung des Moduls bildeten, abgesehen von den bereits erwähnten universitären Vorgaben, die Niveaubeschreibungen, Lernziele und kommunikativen Anforderungen des GER sowie die Lernzielbestimmungen, Kann-Beschreibungen und kommunikativen Mittel für die Niveaustufen B1-C2 entsprechend der „Profile Deutsch" (Glaboniat, Müller, Rusch, Schmitz, & Wertenschlag, 2002).

Prüfung Wirtschafts-Deutsch

Einen weiteren Schwerpunkt bei der Materialauswahl bildeten die Übungsmaterialien der Internationalen Prüfung „Wirtschaftssprache Deutsch C2" (Glaboniat & u.a., 2013). Die Studierenden sollten sich sowohl mit der Konzeption der Prüfung als auch mit dem Prüfungsmaterial auseinandersetzen. Intendiert waren:

1. Kennenlernen der Prüfungsanforderungen: Was wird geprüft? Wie und warum?
2. Kennenlernen der Kompetenzanforderungen
3. Kennenlernen von Struktur und Aufbau der Prüfung
4. Übungsmaterial zur Prüfungsvorbereitung als Trainingsmöglichkeit
5. Metasprachliche Auseinandersetzung mit der Prüfung und den entsprechenden Textsorten:
   a. Textsortenanalyse: textintern und textextern
   b. Sprachanalyse

Die Studierenden sollten Einblicke in die geforderten Fertigkeiten, den dazu gehörenden Input-Texten, die Überprüfungsdomäne, das Testformat und die Aufgabentypen sowie die Länge der jeweiligen Prüfungssteile erhalten.

Zusätzlich sollten sich die Studierenden auch auf metasprachlicher Ebene mit den jeweiligen Textsorten auseinandersetzen, um mittels einer textinternen Betrachtungsweise (Text- und morpho-syntakti-

sche Strukturen) und textexternen Betrachtungsweise (Sender- Emp-
fänger-Botschaft) den Zusammenhang zwischen Aufbau / Struktur und
Funktion / Intention der untersuchten Textsorten zu erkennen.

Frei nach Watzlawick wurde also über deren *Inhalts- und Bezie-
hungsaspekt* nachgedacht. (Watzlawick, 2011) Ziel war eine Beschreibung und Analyse der vorgefundenen *Sprachspiele* in Anlehnung an
Wittgenstein mit der Intention, diese verstehen und beschreiben bzw.
an andere vermitteln zu können.

Textsorten: Seh-, Hör- und Lesetexte

Welche Texte und Textsorten waren in diesem Modul von besonde-
rem Interesse? Vorausgeschickt werden sollte vielleicht, dass unter Text
hier Lese-, Hör- und Sehtexte - z. B Videos aus dem Bereich Wirtschaft -
verstanden wurde. Angestrebt wurde eine größtmögliche Authentizität
und Textsortenvielfalt, die von sogenannten saloppen Fachtexten bis zu
formelle Wirtschaftstexten reichte. Text wurde hier als intentionales,
interaktives Handeln zwischen Sender und Empfänger verstanden.

Authentizität der Texte

1. Vielfalt und Interaktion im Netz
2. Orientierung an Textsorten
3. Saloppe versus formelle Fachtexte

Zeitgemäße DaF-Fachsprachenvermittlung auf universitärer Ebene,
die sowohl handlungsorientierte, fachsprachliche Kompetenz als auch
metasprachliche Fachsprachenkompetenz als Ziel hat, sollte möglichst

viele Aktionsräume öffnen, d. h. auch die Vielfalt der im Netz angebotenen Textsorten, Kommunikations- und Interaktionsabsichten und -
möglichkeiten nützen.

Wenn sich – frei nach Wittgenstein – die Bedeutung von Sprache
durch ihren Gebrauch zeigt, so wird auch die Bedeutung fachsprachlicher Kommunikation durch deren Gebrauch sichtbar. Durch die Analyse, d. h. durch die Beschreibung authentischer, sprachlicher Realisierungsformen, die sich zwischen Sender und Empfänger dieser Art von
Kommunikation äußern, wird deren Bedeutung sichtbar und deren Vermittlung für andere möglich. Und wo gäbe es mehr Realisierungsformen und somit mehr Textsortenvielfalt als im Netz?

Die vorgenommene Textsortenauswahl konzentrierte sich auf:

1) ausgewählte Wirtschafts-Internetplattformen, d.h.
Websites, deren Sender aus dem Bereich der Wirtschaft stammen und deren Empfänger in diesem Bereich tätig sind (z. B. Case Studies / Fallstudien aus der
Wirtschaft, beispielhaft ausgewählte Interaktionsfor-
men wie z. B. Bewerbungsgespräche sowie informative
Fachtexte, ...)
2) Wirtschaftsartikel in ausgewählten Online-Zeitschrif-
ten
3) Internetplattformen für Wirtschaftsdeutsch, d.h. Plattformen, deren Sender im Bereich der Sprachvermittlung tätig sind und deren Empfänger die Intention des
Spracherwerbs haben. Die konkrete Auswahl orien-
tierte sich an der jeweiligen Studierendengruppe und
deren Sprach-bzw. Lernerniveau.

Die Textauswahl erfolgte auf 2 Arten:

a) von der Kursleiterin, als von mir selbst, gewählte Texte zur Arbeit im Kurs (notwendig zur Erstellung der entsprechenden Arbeitsblätter und Fragebögen).

b) von den Studierenden gewählte Texte für die Arbeit im Kurs, für Teilprüfungen bzw. Endprüfungen. Als Rahmen und Orientierungshilfe wurde den Studierenden zusätzlich eine ausgewählte Linksammlung angeboten. Sie erhielten auch Angaben zu Textlänge und angepeiltem Schwierigkeitsgrad, um trotz intendierter Vielfalt auch eine möglichst einheitliche Ausgangsbasis für die Analysearbeit anzubieten.

Fazit und Rückmeldungen:

Die Studierenden waren durch die Möglichkeit der freien Textauswahl im Rahmen der vorgegebenen Kriterien sehr motiviert, im Rahmen der entsprechenden Teamarbeiten sehr engagiert und lieferten sehr umfassende Analyse- und Präsentationsarbeiten. Der Zusammenhang zwischen hoher Sprachkompetenz und Auswahl von komplexen Textsorten bzw. niedrigem Sprachniveau und Bevorzugung von einfachen Textsorten war trotz vorgegebener Richtlinien evident und muss im Rahmen der Beurteilung bedacht werden.

Arbeitsweise im Modul

Interaktion mit Texten

Da im Modul vor allem Analysekompetenz, Verstehenskompetenz und fachsprachliche Vermittlungskompetenz, aber auch fachsprachliche Mediationskompetenz in Bezug auf die Fachsprache Wirtschaft DaF erarbeiten werden sollten, standen folgende Aktionen im Zentrum des Geschehens:

Verstehen und Vermitteln

- a. **Recherche und Konstruktion**
- b. **Analyse**
- c. **Präsentation der Ergebnisse**

Den Studierenden wurde in Anlehnung an das Scaffolding bzw. die Leittextmethode (siehe *Abschnitt Scaffolding bzw. Leittextmethode*) ein Gerüst und ein passendes Handwerkszeug angeboten, das es ihnen ermöglichen sollte, eine breite Palette an Textsorten analysieren, verstehen und vermitteln zu können.

Aktivieren von Seh/Hörkompetenz – Lesekompetenz

Für die Durchführung der Recherche und Analysearbeit mussten die Studierenden ihre Seh/Hörkompetenz bzw. ihre Lesekompetenz im Bereich der Fachsprache aktivieren, anwenden und verbessern. Unterstü–

tzende Hilfsmittel hierbei waren in Anlehnung an die Leitfragenmethode (Reich, Methodenpool, 2007) angefertigte Arbeitsblätter und Fragebögen, die eine Art gelenktes Lernen bei gleichzeitiger Lernerautonomie gewährleisten sollten.

Da Teamarbeit und Vernetzung wesentliche Aspekte in der Welt der Wirtschaft sind, arbeiteten die Studierenden vernetzt in Teams an unterschiedlichen Schwerpunktsetzungen sowohl innerhalb wie auch außerhalb der Aula. Die Arbeitssprachen realisierten sich entsprechend der Arbeitsbereiche: in der Aula selbst Deutsch / Mediation Italienisch bzw. Heimarbeit: Italienisch / vor deutschsprachigem Recherche- bzw. Analyseobjekt.

Abbildung 4 Folie für Studierende - Arbeitstechniken Quelle: Eigene Darstellung

Struktur - Analyse - Kritik – Synthese

Strukturieren, analysieren, kritisieren und Zusammenführung der Ergebnisse zu einer verständlichen Synthese waren die vorgegebenen Schritte für die Studierenden im Rahmen ihrer Auseinandersetzung mit den wirtschaftlichen Texten.

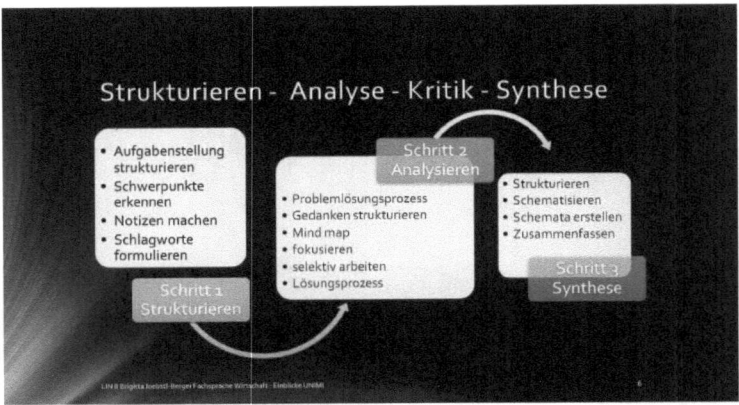

Abbildung 5 Folie für Studierende - Arbeitsmethoden Quelle: Eigene Darstellung

Präsentation der Ergebnisse

Im Kurs erfolgte die Präsentation der Analyse-Ergebnisse im Team:

a) im Rahmen der interaktiven Arbeit während des Moduls
b) im Rahmen des sogenannten *Esame Parziale* /Teilprüfung) am Ende Moduls

Im Rahmen der offiziellen mündliche Prüfung erfolgte die Präsentation in Einzelarbeit und wurde durch ein Prüfungsgespräch erweitert (siehe *Abschnitt Prüfung und Prüfungsmodalitäten*).

Die Studierenden richteten sich nach Vortrags- und Präsentationstechniken, die aus dem Bereich der Wirtschaft entlehnt und adaptiert wurden und verbesserten und erweiterten somit auch aktiv ihre Kompetenz in der Sprachmittlung. Angestrebt wurde moderne Interaktion mit dem Publikum. Bei der Umsetzung ihrer Aufgabe standen den Studierenden speziell entwickelte Arbeitsblätter zur Verfügung. Zusätzlich erhielten die Studierenden Feedback und Verbesserungsvorschläge im Rahmen der interaktiven Arbeit im Modul.

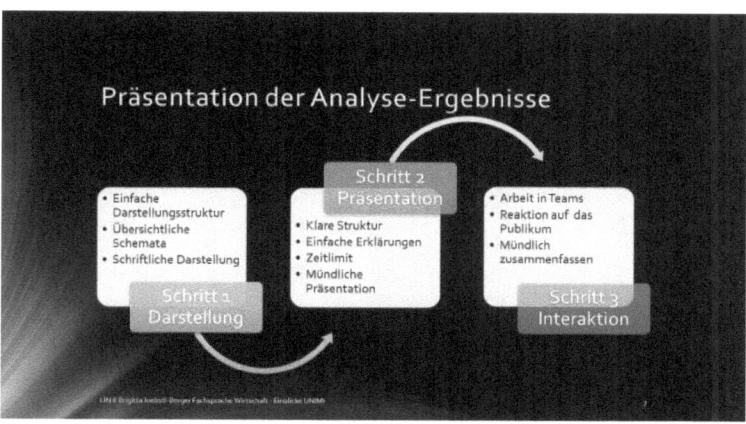

Abbildung 6 Folie für Studierende - Präsentation Quelle: Eigene Darstellung

Schwerpunkt: Textanalysen

Intention: Die Konzeption der Textanalysen wurde so angelegt, dass die Studierenden durch die Auseinandersetzung und Analysearbeit mit und an den gewählten Textbeispielen exemplarische Einblicke in deren Struktur, Aufbau und Funktion erhielten.

> Lernen wird als eine aktive Tätigkeit gesehen, die vom Lernenden selbstständig durchgeführt werden muss. Der Lernende konstruiert sich sein Wissen aus den angebotenen Informationen – Lernen wird als „kreativer Konstruktionsprozess" gesehen. Wolff 1997 zitiert nach (Modrow, 2002, S. 20) siehe auch (Wolff, 1998)
>
> Lernen ist nicht Übernahme von Wissen, sondern aktives Aufbauen von Wissensstrukturen, ein aktives Konstruieren." (Thissen, 1997, S. 12)

Sprachliche Phänomene und ihre Funktionen

Was sollen Studierende, die Einblicke in den Aufbau und die Funktion von wirtschaftssprachlichen Sprachspielen gewinnen möchten, untersuchen? Mit welchen Fragestellungen sollen sie sich auseinandersetzen? Da es sehr viele unterschiedliche Erklärungsansätze gibt, wurde folgendes Gerüst erstellt, das als Ausganspunkt für die weitere Analysearbeit genommen wurde. Ich stütze meine Ausführungen hier auf (Kniffka & Roelke, 2016), (Kontutytė, 2017), (Adamzik, 2018)

1   Was ist Fachsprache Wirtschaft?
2   Gibt es einen Wortschatz der Fachsprache Wirtschaft?
3   Gibt es eine Grammatik der Fachsprache Wirtschaft?
4   Wie kann man Fachtextsorten für Wirtschaft beschreiben?

Ziel war aber nicht die explizite Beantwortung dieser Fragen. Vielmehr sollten sich die Studierenden durch die Auseinandersetzung und exemplarische Analyse der Wirtschaftstexte unterschiedliche Perspektiven bzw. beispielhafte Einblicke in Aufbau und Funktion einzelner *Sprachspiele Wirtschaft DaF* erarbeiten.

Sprachstrukturen sind kein Selbstzeck

Im Zentrum stand also die Analysearbeit. Implizierter Ausgangspunkt der Beschreibung dieser Sprachspiele war ein Konzept von Textsorten, das von verschiedenen Dimensionen eines Textes ausgeht und textexterne und textinterne Merkmale berücksichtigt: (Adamzik, 2004), (Fluck, 1997), (Kontutytė, 2017)

Situative Dimension

Funktionale Dimension

Thematische Dimension

Sprachlich-strukturelle Dimension

Analyseebenen und Untersuchungsgegenstände

Im Folgenden ein kurzer Überblick über die im Rahmen der Textanalyse zu untersuchenden Ebenen, Fragestellungen bzw. Untersuchungsobjekte:

Textextern – Macro-Ebene

Die Botschaft und Intention – Das WAS

Sender und Empfänger

Die Bedeutung von Bildern und gewähltem Textaufbau

Primacy-Recency-Effect

Text-Bild-Schere

Textintern – Micro-Ebene

Botschaft und Intention: Das WIE

Vom Text zum Satz zum Wort

Textkohärenz und Textaufbau

Satzstrukturen und ihre Bedeutungen

Wozu dieser Tempus, dieser Modus, dieser Genus?

Hilfsmittel und Analysetechniken

- Arbeitsblätter – zielgruppengerecht
- Fragebögen und gelenkte Analyse

Für die konkrete Analysearbeit wurden mehrdimensionale Fragebögen in Anlehnung an Christiane Nord entwickelt, mit deren Hilfe textexterne und textinterne Merkmalen erarbeitet werden sollten. (Nord, 2009, S. 40)

Die textexternen Merkmale wurden dementsprechend durch folgende Fragestellungen ermittelt:

Textproduzent oder Sender (wer?), Senderintention (mit welcher Absicht?), Adressat (an/für wen?), Medium bzw. Kanal (über welches Medium?), Ort, Zeit und Anlass (wo? wann? warum?), Funktion (mit welcher Funktion?).

Um die textinternen Merkmale zu eruieren, wurden folgende Fragen gestellt: Thema (worüber?), Textinhalt (was?), Präsupposition (was nicht?), Textaufbau (in welcher Reihenfolge?), nonverbale Elemente, Lexik (in welchen Worten?), Syntax (in was für Sätzen?).

Im Unterschied zu Christiane Nord wurde jedoch für die Sender-Empfänger-Dimension eine weitere Perspektive eingeführt. Untersucht wurde nicht nur eine nach außen gerichtete Sender-Empfänger-Ebene, sondern auch eine nach innen gerichtete. So wurden Sender und Empfänger sowohl textextern betrachtet als auch in gewisser Weise textintern.

Deutlich sichtbar wird diese Überlegung am Beispiel der Analyse der Textsorte „Prüfung Wirtschaftsdeutsch", deren Sender nach außen, also textextern betrachtet, die Ersteller der Prüfung sind und die Empfänger, die an der Prüfung Interessierten. Sieht man sich aber Sender und Empfänger im Rahmen der Textsorte „Telefonische Nachricht auf Anrufbeantworter" an, die Teil der zu lösenden Prüfungsaufgaben von „Prüfung Wirtschaftsdeutsch" ist, ist die Senderin die Sprecherin der Telefonnachricht.

Fazit und Anmerkungen:

Anmerkung zur von mir gewählten Begrifflichkeit Sender-Empfänger textextern/textintern: Aus sprachwissenschaftlicher Sicht wäre es korrekter gewesen, die Begriffe textextern 1 für die Sender-Empfänger-Dimension der übergeordneten Textsorte (hier die Prüfung Wirtschaftsdeutsch) und textextern 2 (hier die Nachricht auf dem Anrufbeantworter) zu benennen. Da dies aber ein authentischer Erfahrungsbericht ist, werden beispielhaft angeführte Arbeitsblätter so beigelegt, wie sie für die Studierenden erstellt wurden. Zukünftige Arbeitsblätter werden jedoch diesem Umstand Rechnung tragen.

Beispiel: Aufgabenblatt zur Textanalyse Hörtexte

Analysearbeit an einem Textbeispiel der Prüfung C2 Wirtschaftssprache Deutsch C2: Den Studierenden wurden ausgewählte Beispiele dieser Prüfung in Form von Lese- und Hörtexten und entsprechende Aufgabenblätter zur Bearbeitung in unterschiedlichen Teams vorgelegt.

Abbildung 7 Aufgabenblatt zur Textanalyse Hörtexte Wirtschaftsdeutsch C2 Quelle: Eigene Darstellung

Aufgabenblatt zur Textanalyse:

Hörtexte

1) Infos zum Hörtext: Thema, Autor, Quellenangabe

2) Textsorte: (z.B. Radiosendung, Dokumentation, Interview …)

Bild 1: Quelle bixabay, theglassdesk, Becca Clarc USA

3) Intention des Hörtextes

4) inhaltliche Schwerpunkte: Zusammenfassung - Hauptinformationen

5) Aufbau des Hörtextes: Struktur – Gliederung

6) SprecherInnen: Typus, Intention, sprachliche Realisierung, sprachliche Mittel

7) Analyse: Wo liegt die Problematik? Textintern und Textextern

8) Textanalyse: Sprachstruktur, sprachliche Mittel, Diskrepanz gesprochenes Deutsch versus geschriebenes Deutsch, Redundanzen, Wiederholungen, Verkürzungen, Auslassungen, dialektale Einschübe, Fehler?

9) Darstellung und Erklärung wesentlicher sprachlicher, d.h. morphologischer, syntaktischer, semantischer bzw. textgrammatikalischer Strukturen und Redemittel

10) Analyse des Prüfungsteils:

Was wird geprüft? Kompetenz?

Wie wird geprüft?

Beispiel eines Arbeitsschrittes einer Studierendengruppe: (Rohfassung)

Die folgende Abbildung zeigt die unkorrigierte Rohfassung der Arbeitsergebnisse einer Studierendengruppe. Diese wurden im Plenum präsentiert und in einer Evaluationsphase im Kurs - sowohl von den Teilnehmenden als auch von mir - mit Feedback versehen.

Untersucht wurde ein Hörtext aus dem Modellsatz der Prüfung C2 Wirtschaftssprache Deutsch, der eine längere Nachricht auf einem Anrufbeantworter beinhaltetet: (Glaboniat & u.a., 2013, S. 46)

In der Nachricht bitte die Anruferin eine Kollegin darum, für sie Fehler auf einem Informationsblatt zu korrigieren, weil sie selbst im Zug sitze und ihr Laptop keinen Akku mehr habe. Die Fehler werden telefonisch über den Anrufbeantworter mitgeteilt. Aufgabe der Prüfungsteilnehmer C2 ist es, diese Fehler auf einem vorgegebenen Formularblatt, das den zu korrigierenden Text simuliert, zu korrigieren.

Abbildung 8 Beispiel Hörtextanalyse WD Studierende (Rohfassung)

Infos zum Hörtext	**Thema**: Seminaränderungen **Autor**: unbekannt **Quelleangabe**: ÖSD Zertifikat C2/ Wirtschaftssprache Deutsch/ Modellsatz		
Textsorte	Telefonnachricht		
Intention des Textes	Die Deutschkompetenzen der Kandidaten prüfen		
Inhaltliche Schwerpunkte	Eine Organisatorin der Seminare ruft vermutlich ihre/n Assistent/in an, damit er/sie die fünf Fehler in der Agenda korrigieren kann.		
Aufbau des Hörtextes: Struktur – Gliederung	-Kurze Einführung zur Aufgabe -90 Sekunden Zeit, um die Tabelle zu lesen -Beschreibung der Situation -Nachricht		
Sprecherinnen:	**Typus**: zwei weibliche sprechende Stimmen; die Stimmen sind im Off **Intention**: Authentizität **sprachliche Realisierung**: -die erste leitet die Aufgabe und das Thema ein; die zweite ist die Schauspielerin der Aufgabe - ziemlich langsam sprechende Stimmen **sprachliche Mittel**: -die Moderatorin bezieht sich direkt auf uns und sie redet uns mit „Sie" an; -die Schauspielerin spricht direkt den/die Assistenten/in an		
Analyse	**Textintern**: Hörtext: Erklärung der Aufgabe und Nachricht **Textextern**: Studenten, die das C2 Zertifikat ablegen		
Textanalyse	**Substantive**: -Alltagssprache (*da gibt's auch noch was*) -keine Fehler -keine Redundanzen -keine rhetorischen Figuren -Fremdwörter (*Business-Circle, Teamwork*) -Eigennamen -Zahlen, Daten -Wort „bitte" wird mehrmals wiederholt	**Tempusform/Verben**: -Präsens -Perfekt (selten)	**Sätze**: -Aussagesätze -lange Sätze
Analyse des Prüfungsteils	„ÖSD Zertifikat C2 überprüft die Fähigkeit zur kompetenten Sprachverwendung in unterschiedlichsten Situationen des gesellschaftlichen und beruflichen Lebens, wobei hier auch in komplexeren Kommunikationszusammenhängen ein hohes Maß an Korrektheit und situationsspezifischer Angemessenheit erwartet wird." (https://www.osd.at/oesd-pruefungen/)		

Fazit und Anmerkungen zum Arbeitsschritt:

Die Student_innen konzentrierten sich in diesem Beispiel vor allem auf eine Beschreibung der Textsorte. In der gemeinsamen Evaluations- und Feedbackphase konnte auch auf den Aspekt der Funktion der untersuchten textinternen Merkmale eingegangen werden.

Selbstkritisch sei jedoch meinerseits angemerkt, dass aus Zeitmangel zu wenig Augenmerk darauf gelegt wurde, die Funktion einzelner untersuchter Aspekt, also das Warum, hervorzuheben.

Dieser Mangel wird für Folgeprojekte dadurch behoben, dass bereits in den Arbeitsblättern explizit darauf hingewiesen werden wird.

Fazit und Rückmeldungen der Studierenden

Die für dieses Modul entwickelten Hilfsmittel wie Fragebögen und Arbeitsblätter zur Textanalyse und Videoanalyse erwiesen sich als sehr nützlich und hilfreich. Die Rückmeldung der Studierenden war sehr gut und, da das gesamte Material auch Online auf der didaktischen Plattform Ariel (Ariel Portale , 2020) der Universität zur Verfügung stand, hatten auch sogenannte Non-Frequentanti, also Nicht-Frequentanten, keinerlei Probleme, sich auf die entsprechende Prüfung vorzubereiten.

Im Rahmen der Arbeit haben sich folgende Aspekte zur Überarbeitung und Verbesserung der Materialien herauskristallisiert:

- genauere Angaben zur Untersuchung der Funktionalität bzw. der Bedeutung der vorgefundenen (wirtschafts)sprachlichen Phänomene: Einige Studierende haben zwar eine genaue und teilweise sehr umfassende Beschreibung der vorgegebenen Strukturen sowohl auf textexterner als auch auf textinterner Ebene geboten, sich aber weniger Gedanken über deren Bedeutung bzw. über das Warum der eingesetzten Strukturen gemacht. Diesbezügliche Arbeitsblätter werden eventuell in einem nächsten Zyklus erprobt werden.

- mehr Angaben und Querverweise zu Zusatzmaterial, möglicherweise definiert nach sprachlichen Niveaustufen, und genauere Hinweise zur Gesprächspsychologie, d.h. zu Vortrags- und Präsentationstechniken.

Schwerpunkt: Präsentation und Evaluation

- Vortrags- und Präsentationstechniken
- Interaktion mit dem Publikum

Entsprechend der konstruktivistischen Didaktik fand die Arbeit der Studierenden ihren Abschluss und ihre Krönung im sogenannten Werkstück, der Präsentation der Ergebnisse ihrer Analysearbeiten. Für eine gelungene und effiziente Präsentation bedarf es Präsentations-, Vortrags- und Interaktionskompetenzen und Kenntnis über einzelne Strategien und Techniken.

In beiden durchgeführten Durchgängen zeigte sich diesbezüglich ein gravierender Mangel von Seiten der Studierenden.

Studierende sind teilweise noch Vortagende gewöhnt, die ihren Vortrag sitzend, hinter dem Tischmikrophon versteckt mit monotoner Stimme vom PC-Bildschirm ablesen.

Interaktion mit dem Publikum, freies Sprechen mit dem Handmikrophon, bewusster Einsatz von Blickkontakt und effizienten nonverbalen Kommunikationselementen waren sehr selten. Einige Studierende zeigten auch wenig Bewusstsein in Bezug auf effiziente und publikumsorientierte Foliengestaltung bzw. deren interaktiven Einsatz während der Präsentation.

Gerade für Studierende von Internationaler Kommunikation und Kooperation erscheint diese Kompetenz aber wesentlich – auch in der Fremdsprache.

Im Rahmen des Moduls wurde den Studierenden daher auch Platz zum Erarbeiten und Anwenden dieser Kompetenz gegeben.

Mit Hilfe von Checklisten und - wo notwendig - inhaltlichen Querverweisen, erarbeiteten bzw. verbesserten die Studierenden diese Kompetenz für den Bereich DaF und die entsprechenden Sprachspiele Fachsprache Wirtschaft-DaF und trainierten sie im Rahmen kleinerer Zwischenpräsentationen z. B. in Rahmen von wissensvermittelnden Instruktionsphasen oder Ergebnissen von kleineren Analysearbeiten, die auf die abschließende Endpräsentation vorbereiten sollten.

Im Rahmen der abschließenden Prüfungen, die entweder in Form von Teilprüfungen, die im Team erarbeitet werden konnten, oder von mündlichen Abschlussprüfungen, die in Form von Einzelpräsentationen stattfanden, konnten die Studierenden dann sowohl ihr metasprachliches Wissen, ihre Analysekompetenz und ihre Präsenationskompetenzen unter Beweis stellen und zeigen, was alles in einem Text im Rahmen der Sprachspiele Wirtschaft DaF steckt.

Nahaufnahmen: Sprachspiele Fachsprache Wirtschaft DaF (Beispiele)

Die in der Folge angeführten Beispiele geben nur einen exemplarischen Einblick in die Arbeit im Modul. Arbeitsblätter, Fragebögen und Arbeitsergebnisse werden genauso angeführt, wie sie für die Studierenden zur Verfügung standen. Im Laufe der Arbeit mit diesem Material und Dank der Rückmeldung der Studierenden wurden einige Unzulänglichkeiten und Verbesserungsmöglichkeiten entdeckt, die in einem 2. Arbeitszyklus überarbeitet werden.

1) Beispiele aus der Arbeit mit vorgegebenem Textmaterial

2) Beispiele der Arbeit der Studierenden mit freier Textauswahl

I Sprachspiel Videoanalyse

Das folgende Beispiel zeigt einen Ausschnitt einer Arbeitsphase an einem Video aus dem Wirtschaftsteil der Frankfurter Allgemeinen Zeitung:

I Das Video: „Kann Daimler Tesla Konkurrenz machen?" (F.A.Z. GmbH, 2018)

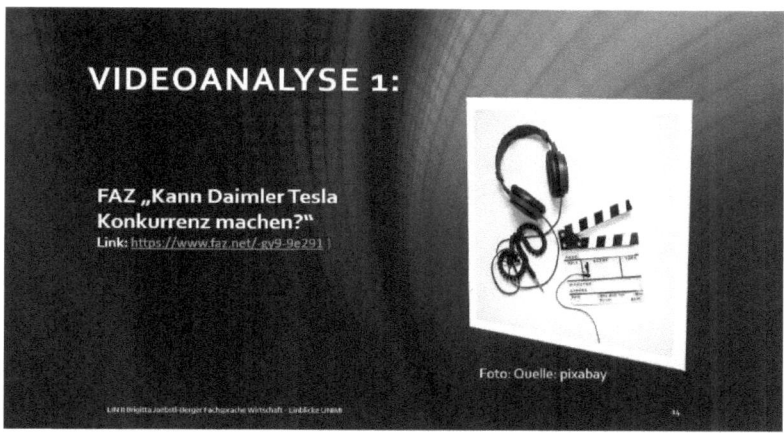

Abbildung 9 Folie für Studierende Videoanalyse 1 Quelle: Eigene Abbildung

Arbeitsphasen, Aufgaben- und Frageblätter

Die Studierenden bekamen ein Aufgabenblatt zur Video- und Sprachanalyse und einen Fragebogen zum Video.

Das Arbeitsblatt, angelehnt an die Leitfragenmethode, diente zur Orientierung für die anschließend vorzunehmende textexterne bzw. textinterne Analyse dieses Sprachspiels. Der Fragebogen hingegen basierte auf einem modifizierten Konzept des Mikro-Scaffoldings - er war als Mittel zur Interaktion und Mediationsarbeit sowie als Hilfsmittel zum Textverständnis gedacht und sollte gleichzeitig globale und detaillierte Hörverstehenskompetenzen trainieren. Die Arbeit im Modul begann mit dem Hörverstehenstraining, das in Teamarbeit durchgeführt wurde.

Die im Rahmen dieser 1. Arbeitsphase entstandene Rückkopplung zwischen Kursleiterin und Studierenden ermöglichte auch Einblicke in das kursinterne Sprach- bzw. Kompetenzniveau. Auf diese Weise konnten in weitere Folge zusätzliche Links bzw. Querverweise angeboten werden.

Die folgenden Seiten zeigen das Aufgabenblatt, das im 2. Durchgang 2018/19 in Anlehnung an Christiane Nord verbessert und modifiziert worden war (Nord, 2009) sowie den Fragebogen, den die Studierenden für ihre Arbeit am Global- bzw. Detailverstehen einsetzten.

Aufgabenblatt zur Textanalyse:

Video - Hörtexte

1) Textexterne Analyse:

Textproduzent oder Sender (Wer?)

Infos zum Video: Autor, Homepage   Quellenangabe

Senderintention (Mit welcher Asicht?)

Adressat (An/für Wen?)

Medium bzw. Kanal (Über welches Medium?)

Textsorte: (z.B. Radiosendung, Dokumentation, Interview usw.)

Ort, Zeit und Anlass (Wo? Wann? Warum?)

Funktion (Mit welcher Funktion?) /Textsorte

1) theoretische vs. praktische,

2.) systematische vs. didaktische

3) förmliche vs. saloppe Fachtexte

2) Textinterne Analyse

Thema (Worüber?)

Textinhalt (Was?)

Zusammenfassung – Hauptinformationen - Detailinformationen

Textaufbau (In welcher Reihenfolge?)

Aufbau des Videos: Struktur – Gliederung – Realisierung:

Bild-Text-Ebene: Kongruenz, Divergenz

Nonverbale Elemente: sprachliche-nichtsprachliche Realisierung (Bild – Akustik), gibt es eine Text-Bild -Schere? Wo?

SprecherInnen: Typus, Intention, sprachliche Realisierung, sprachliche Mittel

Sprachanalyse: Sprachstruktur, sprachliche Mittel, Diskrepanz gesprochenes Deutsch versus geschriebenes Deutsch, Redundanzen, Wiederholungen, Verkürzungen, Auslassungen, dialektale Einschübe, Fehler?

Darstellung und Erklärung wesentlicher sprachlicher d.h. morphologischer, syntaktischer, semantischer bzw. textgrammatikalischer Strukturen und Redemittel und fachsprachlicher Ausdrücke

Abbildung 10 Aufgabenblatt zur Textanalyse Video. Quelle: Eigene Darstellung

Fragebogen zum Video

Link: Video (F.A.Z. GmbH, 2018)

Foto: pixabay

GLOABALVERSTEHEN:

WAS IST DAS THEMA DES VIDEOS?

	WER?
	WAS?
WELCHE INFORMATIONEN WERDEN IN DER EINLEITUNG GEGEBEN?	WANN?
	WO?
	WIE?
	WARUM?

DETAILVERSTEHEN

WANN UND WO WIRD DER NEUE MERCEDES BENZ PRÄSENTIERT?	**1)** **2)**
WAS IST DIE INTENTION VON MERCEDES?	1)
WELCHE PRODUKTPALETTE MÖCHTE MERCEDES AUF DEM E-AUTO-MARKTSEKTOR ANBIETEN?	-
WIEVIEL MÖCHTE DAS UNTERNEHMEN AUF DIESEM SEKTOR INVESTIEREN?	-
WANN SOLL DAS E-AUTO AUF DEN MARKT KOMMEN?	-
WELCHE MÄRKTE WILL MERCEDES ZUERST EROBERN?	1) 2) 3)
ZAHLEN:	
LÄNGE:	
MAX. REICHWEITE	
GEWICHT:	
BESCHLEUNIGUNG:	
HÖCHSTGESCHWINDIGKEIT:	
WIEVIELE MOTOREN?	1)
WO?	2)
WARUM?	3)
KOFFERRAUM:	Fassungsvermögen:
WELCHES EXTRA GIBT ES AUF WUNSCH?	
WO WERDEN DIE E-AUTOS GEBAUT? WARUM?	1) 2)
IN WELCHER STADT SOLL DAS E-AUTO ZUERST GEBAUT WERDEN? DANACH?	1) 2)

Abbildung 11 Fragebogen Video Detailverstehen. Quelle: Eigene Darstellung

II Sprachspiel: Fallstudien

Fallstudien oder Case Studies sind Handlungsformen, die in der Wirtschaft einen wesentlichen Platz einnehmen. Die Studierenden sollten mit Hilfe eines konkreten Beispiels diese Textsorte, ihre Struktur und ihre Funktion verstehen und mit Hilfe der Arbeit an dieser Textsorte auch ihre sprachliche Kompetenz und ihr metasprachliches Wissen erweitern.

Beispiel: **Fallstudie „Windström AG"**

Abbildung 12 Folie für Studierende mit Querverweisen. Quelle: Eigene Darstellung

Ein Beispiel für die Arbeit an Fallstudien war der Case „Windström AG" - ebenfalls authentisches Material aus dem Internet. Das Zielpublikum, also die Empfänger in diesem Sprachspiel sind laut Eigendefinition des Senders / Eigentümers der Website - *„Studenten, Absolventen und*

Young Professionals (bis 3 Jahre Berufserfahrung" (Roland Berger Strategy Consultans)

Im Rahmen der Arbeit im Modul sollten die Studierenden gleichsam in *Full Immersion* eine multiperspektivische, interaktive Analyse dieses Sprachspiels vornehmen.

Die Textsorte und die Aufgabenstellungen

Der gesamte Case (Roland Berger Strategy Consultans) wurde zur genaueren Analyse in einzelne Schwerpunkte und unterschiedliche Studierenden-Team aufgeteilt, die dann eine genauere Analyse des jeweiligen Sprachspiels sowohl auf textexterner als auch auf textinterner Ebene vornahmen. Zusätzlich wurden ein *Arbeitsblatt für die Textanalyse* und *Redemittel für die Diskussion* zur Verfügung gestellt.

Analysiert wurden die Ausgangssituation des Cases, Hintergrundinformationen zum Case, die Case Aufgaben selbst und die im Rahmen der Case Study angebotene Lösung.

Die Informationen fanden die Studierenden in der Fallstudie selbst oder recherchierten sie online.

Abbildung 13 Analyse Case Study: Aufgabenstellung, Link- und Querverweise. Quelle: Eigene Darstellung

Auswahl der Analyseschwerpunkte und des Zusatzmaterials:

(Scaffolding)

Die zu analysierenden Schwerpunkte besaßen unterschiedliche Schwierigkeitsgrade in Bezug auf Komplexität, Sprache und Umfang und boten so den Studierenden die Möglichkeit, sich entsprechend ihrer Fähigkeiten zu organisieren und dementsprechende Teams zu bilden. Es gab längere und kürzere Texte, Textstellen, in denen gehäuft fachsprachliche Strukturen auftraten und metasprachliches Wissen über wirtschaftliche Zusammenhänge sowie hohe Sprachkompetenz für die Analyse von Vorteil waren, und Textstellen, deren Inhalt und Struktur eher dem alltagssprachlichen Bereich entstammten und die Aufgabenstellung weniger komplex war.

So war es einfacher, die *Ausgangssituation der Fallstudie* zu analysieren als die sehr komplexe *Lösung des Cases*. Das zur Verfügung gestellte Zusatzmaterial entwickelte sich aus der Arbeit mit den Studierenden. Ein Vorgehen, das es ermöglichte, auf unterschiedliche Ausganssituationen, d.h. Studierendengruppen mit niedrigerem bzw. höherem Sprachniveau bzw. metasprachlicher Kompetenz, entsprechend zu reagieren und die Studierenden in diesen Teil der Arbeit zu integrieren.

Beispiel: Aufgabenblatt:

Das hier abgebildete Beispiel zeigt die im 2. Durchgang in Anlehnung an Christiane Nord modifizierte Variante des Aufgabenblatts (Nord, 2009): Je nach Team und Aufgabenstellung wurden einzelne Aspekte intensiver und umfassender beantwortet als andere. Wesentlich erschien mir, dass durch die Zusammenschau der Ergebnisse alle Teams ein breites Spektrum des Analyseobjektes *Fallstudie* geboten wurde.

Aufgabenblatt zur Textanalyse:

1) Textexterne Analyse:

Textproduzent oder Sender (Wer?)

Senderintention (Mit welcher Absicht?)

Adressat (An/für Wen?)

Medium bzw. Kanal (Über welches Me dium?)

Foto: Pixabay

Ort, Zeit und Anlass (Wo? Wann? Warum?)

Funktion (mit welcher Funktion?) / Textsorte

1) theoretische vs. praktische,

2.) systematische vs. didaktische

3) förmliche vs. saloppe Fachtexte.

2) Textinterne Analyse

Thema (Worüber?)

Textinhalt (Was?)

Textaufbau (In welcher Reihenfolge?)

Nonverbale Elemente

Sprachstruktur: Darstellung und Erklärung wesentlicher sprachlicher, d.h. morphologischer, syntaktischer, semantischer bzw. textgrammatikalischer Strukturen, die zum Verständnis des Textes notwendig sind:

Lexik (in welchen Worten?)

Syntax (in was für Sätzen?)

Abbildung 14 Aufgabenblatt Textanalyse Fallstudie. Quelle: Eigene Darstellung

Anmerkung: Das Aufgabenblatt des 1. Durchgangs 2017/18 wurde in Anlehnung an Christine Nord verbessert und modifiziert (Nord, 2009)

Beispiel für einzelne Arbeitsphasen in Teamarbeit – Teilergebnis

Nach der Input-Phase, in der die Studierenden mit der Aufgabenstellung und dem zu analysierenden Material vertraut gemacht wurden, standen verschiedene Arbeitsphasen zur Verfügung:

1) a) In modulinternen Arbeitsphasen, also im Modul selbst, konnten sich die Studierenden organisieren, strukturieren und einzelne Zwischen- bzw. Teilergebnisse erarbeiten, die sie anschließend den Mitstudierenden bzw. den anderen Teams präsentierten.

b) In den kurzen interaktiven Präsentationsphasen wurde Feedback zu Vortragstechnik sowie inhaltlicher und struktureller Arbeit gegeben. Die Rückmeldung erfolgte sowohl von Studierenden als auch von der Modulleiterin, also mir selbst.

2) In modulexternen Arbeitsphasen vertieften die einzelnen Teams ihre Arbeit, sie waren dabei untereinander mittels der gängigen heute zur Verfügung stehenden Online-Kommunikationsmittel wie WhatsApp etc. vernetzt.

3) In einer 2. ausführlicheren, modulinternen Präsentationsphase stellten die einzelnen Teams ihre Endergebnisse den Mitstudierenden vor bzw. fassten sie zusammen und erhielten wiederum Feedback in Bezug auf Vortrags- und Präsentationstechniken sowie die geleistete Analysearbeit. Auf diese Weise waren eine direkte Interaktion und gemeinsame Evaluation möglich. Da alle Studierenden zwar an derselben Fallstudie arbeiteten, sich aber mit unterschiedlichen Teilaspekten beschäftigten, kannten sie einerseits die Grundlagen, erhielten aber bei jeder Präsentation neue Erkenntnisse und Einblicke in den Case von ihren Mitstudierenden, was sich positiv auf Motivation und Zusammenarbeit auswirkte.

Alle Ergebnisse wurden den Studierenden zur Verfügung gestellt. So fotografierten beispielsweise die einzelnen Teams ihre Zwischenergebnisse mit dem Smart-Phone und präsentieren sie anschließenden über den Projektor in der Aula.

Fazit und Anmerkungen zur Verbesserung mittels Online-Didaktik:

Dieser Arbeitsschritt wurde von den Studierenden als sehr positiv empfunden, da hier eine direkte Interaktion mit mir als Kursleiterin, den Studierenden in den einzelnen Teams und anschließend im Plenum möglich war.

Zum Zeitpunkt der Durchführung der beiden Durchgänge standen mir Online-Plattformen wie *Microsoft Teams* oder *Zoom,* um nur 2 Beispiele anzuführen, noch nicht in dem Ausmaß und in der Qualität zur Verfügung wie nach deren Verbesserung in der Zeit des Corona-Lockdowns im Sommersemester 2020, in der ich einen ähnlichen Kurs zur Gänze online durchführte.

Die genannten Online-Plattformen ermöglichen eine Online-Didaktik, in der Studierende sich in virtuellen Kanälen oder Räumen treffen und gemeinsam an Lösungen arbeiten können, unabhängig von Raum und Zeit. Auch die Präsentation der Ergebnisse kann auf diese Weise in Teams gehalten werden und je nach Bedarf synchron oder asynchron erfolgen. Eine kurze Erklärung der Begriffe erfolgt im Abschnitt: *Didaktische Anmerkungen in Zeiten von Covid-19.*

Beispiel: Die Stimme der Studierenden: (Arbeiten - Auszüge)

An dieser Stelle möchte ich kurz eine Studentin zitieren, deren Feedback mir sehr viel Freude bereitete und zeigt, dass die Arbeit im Modul - zumindest für sie - sehr zufriedenstellend war. Obwohl ihr Deutsch ausgezeichnet war, schickte sie mir diese Nachricht auf Englisch:

Feedback einer Studentin:

> I would like once again to express my gratitude for your professionalism, highest expertise and your endeavours in getting your students involved in deep text analysis and seeing the text as something more than a piece of information. (Studentin, Juni 2019)

Leider ist es weder möglich die Progression, die die Studierenden im Verlauf des Moduls vollzogen haben, darzustellen noch die Komplexität der geleisteten Arbeiten abzubilden. Hier können nur Ausschnitte aus Präsentationen, nicht aber die geleistete Recherche-, Analyse- bzw. Vermittlungsarbeit oder die Gesamtpräsentation gezeigt werden.

Beispiel Textanalyse Studentin (Auszüge): Die Deutsche Bank fällt beim Stresstest des FED durch: (Lanz, 2018)

Die Studentin verglich 2 Sprachspiele zu einem Thema miteinander: Einen deutschsprachigen Kommentar der NZZ (Lanz, 2018) und eine englischsprachige Presseaussendung der FED (2018). Sie untersuchte die Unterschiede in Bezug auf Textgattung, Informationsgehalt, Ton und Neutralität der Aussagen. Eine detaillierte Sprachanalyse erstellte sie für den deutschsprachigen Kommentar, für den sie auch eine quantitative Analyse der vorgefundenen Sprachstrukturen erarbeitete.

Die hier abgebildeten Folien wurden mit Erlaubnis der Studentin (Juni 2019) ihrer Präsentation entnommen.

Erstellung von Statistiken, Graphiken und Tabellen

Zur Verdeutlichung der Analyseergebnisse erarbeitete die Studentin Statistiken, Graphiken und Tabellen:
Beispiel: Textinterne Analyse: Fragestellung: In welchen Wortarten?
– Lexik

LEXIK

ENTLEHNUNGEN	FACHWÖRTER	VERKÜRZUNGEN	KOMPOSITA	ZEICHEN
Stresstest	Gewinnausschüttung	Fed	Bankenholding	%
Methode	Zwischenholding	DB	Datenerhebung	s
Element	Kapitalplanung	USA	Risikogewichtete	(Ziffer)
Rezession	Dividendenausschüttungen	US	Eigenkapitalquote	29.6.2018
Analyse	Kapitalplan	Mrd.	Eigenkapitalmassnahmen	02. 29 Uhr
Prognose	Geschäftsaktivität	Bio.	Aktienrückkäufe	21. Juni
Corporation	Geschäftspartner	Q1	Geschäftsmodell	**LATEINISCHE BEGRIFFE**
Kredit	Tochter	mia	Bankenstresstes	De facto
TOTAL: 84	**TOTAL: 182**	**TOTAL: 8**	**TOTAL: 74**	**TOTAL: 6/1**

LEXIK

Abbildung 15 Beispiel Analysearbeit Studierende

Beispiel: Textinterne Analyse: Fragestellung: In welchen Sätzen? – Syntax: Teil 1

SYNTAX: INDIKATIV

Finale Sätze	In ihrer Reaktion auf den Stresstest schrieb die Deutsche Bank ... um ihre Kapitalplanung sowie ihre Kontrollen und Infrastruktur zu verbessern.
Infinitivkonstruktionen	Die Institute wären selbst in einer schweren Rezession und nach Kapitalausschüttungen in der Lage, Kredite **zu vergeben**.
Ziemlich lange Sätze	Die Ende 2017 verabschiedete Reform der amerikanischen Unternehmenssteuer wirkt sich unter anderem deshalb auf die Eigenkapitalsituation der Banken aus, weil Steuerguthaben auf Verlustvorträgen aus der Finanzkrise auf einen Schlag einmalig entwertet wurden.
Präsens	Die Aufseher **haben** Bedenken bezüglich der Datenerhebung und -kontrolle...
Präteritum	Die Ende 2017 **verabschiedete** Reform der amerikanischen Unternehmenssteuer...
Perfekt	Laut Fed **haben** die US-Banken ihr Eigenkapital seit dem ersten Stresstest des Jahres 2009 erheblich **erhöht**.
Futur	Die Banken **werden** je nach Situation weniger Aktienrückkäufe **vornehmen**

Abbildung 16 Beispiel Arbeit Studierende Syntax Indikativ

SYNTAX: MODALVERBEN

Tempus	Beispiel
Können	Je nach Resultat verlangt das Fed Änderungen bei den geplanten Kapitalmassnahmen – de facto entscheidet die Zentralbank also mit, wie viel Dividenden ausbezahlt und Aktien zurückgekauft werden **können** oder wie viel Kapital einbehalten werden **muss**.
Müssen	Die Bank **muss** deshalb Anpassungen annehmen bei der Steuerung und Analyse der Beziehungen zu ihren grössten Geschäftspartnern.
Wollen	Mit dem Stresstest **wollen** die Bankenaufseher verhindern, dass die Finanzinstitute von einer Wirtschaftskrise überrascht und als Folge davon die Kreditvergabe einstellen würden.

Abbildung 17 Beispiel Arbeit Studierender Modalverben

Beispiel: Textinterne Analyse: Fragestellung: In welchen Sätzen? –
Syntax: Teil 2

SYNTAX: KONJUNKTIV

Tempus	Beispiel
Konjunktiv II, Präteritum, Aktiv	Die Institute **wären** selbst in einer schweren Rezession und nach Kapitalausschüttungen in der Lage, Kredite zu vergeben.
Konjunktiv II, Futur I, Aktiv	Die Bankenaufseher haben festgestellt, dass die Institute im Falle einer schweren Rezession bei planmässiger Umsetzung ihrer Kapitalmassnahmen und wegen eines einmaligen, steuersenkungsbedingten Rückgangs ihres Eigenkapitals die regulatorischen Mindestanforderungen nicht **erfüllen würden**.
Konjunktiv I, Futur I, Aktiv	Hierauf aufbauend **werde** sie nun ihre Anstrengungen **fortsetzen** ...
Konjunktiv I, Perfekt, Aktiv	In ihrer Reaktion auf den Stresstest schrieb die Deutsche Bank, die DB USA Corporation **habe** umfangreich **investiert**...
Konjunktiv I, Perfekt, Passiv	Die Credit Suisse wertete das als Anerkennung für die insgesamt gute finanzielle Verfassung der Credit Suisse USA und der qualitativen Änderungen, die am US-Geschäftsmodell **vorgenommen worden seien**.

Abbildung 18 Beispiel Arbeit Studierende Konjunktiv

SYNTAX: PASSIV

Tempus	Beispiel
Präsens	Im ersten Teil **werden** die Kapitalquoten **geschätzt** unter der Annahme konstanter Kapitalausschüttungen.
Präteritum	Bei einigen Instituten **wurden** aber Mängel **festgestellt**
Perfekt	Dieser Teil, dessen Ergebnisse am 21. Juni **veröffentlicht worden sind**, dient dem Vergleich der Kapitalquoten, ohne dass die Bankenaufseher eine Beurteilung vornehmen und Noten an die einzelnen Institute verteilen.

Abbildung 19 Beispiel Arbeit Studierende Passiv

Nützliche Hinweise für die Durchführung eines (universitären) Fachsprachenkurses

Welche Fragen sollten sich Kolleg_innen, die einen Kurs zur Vermittlung von Fachsprache Wirtschaft DaF für (nichtdeutschsprachige) Universitäten oder andere Sprachinstitutionen entwickeln, stellen? An dieser Stelle seien mir ein paar Anmerkungen in Form von Fragen und Kommentaren aus der Praxis erlaubt.

Checklisten mit Fragen und Kommentare aus der Praxis

Institutioneller Rahmen

Bei der Erstellung eines Programms für ein (universitäres) Fachsprachenmodul DaF sind nicht nur Überlegung in Bezug auf die zu vermittelnden bzw. zu konstruierenden Inhalte und Kompetenzen sowie prüfungstechnische Aspekte wichtig, sondern auch Fragestellungen, die das Zielland und den institutionellen Rahmen betreffen:

- Kenntnisse über die Struktur der Universität bzw. der jeweiligen Institution in Bezug auf Hierarchie und Bürokratie:
  Wer entscheidet was in welchem Zeitraum?
  Die Durchführung eines Projekts wird oft unnötig erschwert, weil die falschen Entscheidungsträger kontaktiert werden oder die Komplexität der Bürokratie unterschätzt wird.

- technische Voraussetzungen:

Welche Möglichkeiten der technischen Vernetzung mit Studierenden und Entscheidungsträgern gibt es? Welche Hardware, Software ist wem zugänglich? Wie lange dauert es, bis man Zugang zu Passwörtern und eigenem Account hat?

- Transparenz und Gepflogenheiten im Kommunikationsverhalten intern und extern: Wie und was wird üblicherweise zwischen Mitarbeiter_innen, Student_innen und Vorgesetzen kommuniziert? Wie erfolgt die Kommunikation mit der Öffentlichkeit?
- Wie ist der vorgegebene Prüfungsrahmen? Wie viele Prüfungsmöglichkeiten haben die Studierenden pro Modul? Wie oft dürfen sie zu Prüfungen antreten?
- Welche Möglichkeiten zur Online-Bereitstellung des Materials gibt es?

Zielland, Lehr- und Lerntraditionen

Einflüsse auf die Konzeption und Durchführung eines Modules haben auch Lehr- und Lerntraditionen sowie (universitäre) Erwartungshaltungen im Zielland: Welche Rollenbilder gibt es in Bezug auf Vortragende und Vortragstechniken, Studierende und Studierverhalten?

Sind Studierende gewohnt, aktiv, konstruktivistisch und miteinander vernetzt zu arbeiten oder erwarten sie sich Wissensinput durch die Vortragenden? Wie arbeiten Kolleg_innen?

Zielpublikum, Kursgröße und Prüfungsmodalitäten

Ausschlaggebend für die Konzeption eines derartigen Moduls sind auch Kenntnisse über das Zielpublikum, die Kursgröße und die zur Verfügung stehenden Seminar- bzw. Kurseinheiten:

- Wo gibt es Informationen über Kursgröße und erwartet Zusammensetzung der Kursteilnehmer? Welche unterschiedlichen Studierendengruppen – Frequentanten, Nicht-Frequentanten – sind üblich?

Je größer die Zahl der Frequentierenden, desto exakter muss die Planung und Koordination zwischen Instruktions- und Konstruktionsphasen erfolgen.

Folgende Fragen könnten nützlich sein:

- Wie viel Raum und Zeit kann man einzelnen Studierenden bzw. Studierenden-Teams zu Verfügung stellen?

  Das beschriebene Modul zum Beispiel umfasste durchschnittlich 30 Frequentant_innen und war für 20 Einheiten konzipiert. Es bedurfte genauer zeitlicher Planung, um am Modulende den Teilnehmer_innen die entsprechende Präsentationszeit zu garantieren.

  Eine Alternative zu den synchronen Präsentationen am Ende des Modul sind Kurz-Videos, in denen die Studierenden ihre Präsentationen vorstellen. Diese können auch asynchron auf einer entsprechenden Internetplattform, die Universitäten bzw. entsprechende Institutionen üblicherweise Lehrenden und Studierenden anbieten, veröffentlicht werden. Im beschriebenen Fall konnte ich meinen Studierenden in einer Online-Materialbox sämtliche Arbeitsunterlagen, Folien und Zusatzmaterialien zur Verfügung stellen. Das Einverständnis der Studierenden vorausgesetzt, entsteht dadurch gleichzeitig ein weiteres Tool auch für Nicht-Frequentanten, die sich auf die Prüfung vorbereiten möchten.

Zur Erklärung der Begriffe *asynchron und* synchron siehe Abschnitt: *Synchrone und asynchrone Online-Didaktik.*

- Wie viel Platz gibt es für Feedback? Wie können die einzelnen Aktivitäten der Studierenden, die außerhalb der Prüfung stattfinden, beurteilt werden?

Im beschriebenen Modul wurde zum Beispiel ein Bonussystem eingeführt, das besonders aktive Studierende mit vielen Konstruktions- und Präsentationsleistungen belohnen sollte. Eine Vorgangsweise, die für diesen Modultypus von den Studierenden anfänglich als etwas befremdlich empfunden wurde und mit den universitären Vorgaben abgeglichen werden musste.

Hilfreich sind auch Kenntnisse über die sprachliche Herkunft und das Sprachniveau der Studierenden: Wie homogen / heterogen sind die Sprachkenntnisse?

Virtuelle Räume, synchrone und asynchrone Online-Didaktik

Didaktische Anmerkungen in Zeiten von Covid-19

Der vorliegende Erfahrungsbericht *Sprachspiele Fachsprache Wirtschaft DaF* bezieht sich zwar auf einen Zeitraum vor der Corona-Krise, entstand aber teilweise in dieser Zeit. Da ich während des Lockdowns 2020 auch einen universitären Masterkurs zum Thema Fachsprachen durchführte, der zur Gänze Online stattfand - und zwar sowohl synchron als auch asynchron - möchte ich einige nützliche Erfahrungen, die sich für die Konzeption und Durchführung eines Moduls zum Thema Fachsprache Wirtschaft herauskristallisierten, anfügen.

Synchrone und asynchrone Online-Didaktik in virtuellen Räumen

Die Begriffe *synchron* und *asynchron* verwende ich hier entsprechend meiner Erfahrungen bei der Durchführung des Online-Masterkurses an der Università degli Studi di Milano im Rahmen der dort angebotenen Covod-19 Online-Didaktik:

Im Rahmen der Online-Didaktik konnte ich den Studierenden die einzelnen Moduleinheiten sowohl asynchron, in Form instruktiver Kurz-Videos, als auch synchron - also live/online - anbieten. Gearbeitet wurde mit Microsoft Teams.

Die asynchrone Variante, die Kurz-Videos, die den Studierenden 1 Woche vor der jeweiligen Einheit online zur Verfügung gestellt wurden, bot die Möglichkeit, sich individuell mit der Thematik der Einheit auseinandersetzen zu können.

Den Studierenden wurden virtuelle Räume in Form von Online-Kanälen auf Microsoft Teams sowohl für die Phasen der Instruktion als auch der Konstruktion zur Verfügung gestellt. Für die Phasen der Rekonstruktion, Dekonstruktion und Konstruktion (siehe Abschnitt: *Konstruktivistische Didaktik)* wurden Arbeitsblätter und Fragebögen entwickelt, die die Studierenden entweder einzeln   oder in Teams in den virtuellen Räumen bearbeiten konnten.

Die Arbeit erfolgte jeweils in Rückkopplung mit dem angebotenen Kurz-Video bzw. entsprechend des ausgewählten Textmaterials oder weiterführender Links und Querverweise. Die Ergebnisse dieser Arbeit veröffentlichten die Studierenden in einem Online-Kursbuch, in das alle inskribierten Studierenden Einblick hatten, und/oder präsentierten sie synchron/ live/online in der entsprechenden Moduleinheit.

In den synchron, d.h. live/online abgehaltenen Einheiten, konnten die Studierenden ihre Arbeitsergebnisse, ihre *Werkstücke* (siehe *Abschnitt Leittextmethode)* oder Arbeitsblätter, Fragebögen usw. vorstellen und bekamen entsprechendes Feedback.

Synchron gab es neben Feedback auch die Möglichkeit, Fragen und Probleme gemeinsam zu klären.

Da sich im Rahmen der Corona-Krise viele Plattformen zur Online-Didaktik rasant weiterentwickelt und verbessert haben, können eigene Online-Kursräume angeboten werden, die den Studierenden sowohl synchron – im Rahmen der Arbeit während einer Moduleinheit - als auch asynchron – für eine virtuell vernetzten Team-Arbeit außerhalb der realen Kurszeit - zur Verfügung stehen. Dort können sie gemeinsam an den einzelnen *Werkstücken* bzw. Arbeitsaufgaben arbeiten und die

Ergebnisse wiederum synchron oder asynchron – im Online-Kursbuch - allen zur Verfügung stellen.

Die asynchrone Variante bietet zusätzlich mehr Studierenden die Möglichkeit, ein modulinternes Examen, wie das im Erfahrungsbericht beschriebene *Esame Parziale* (Siehe *Abschnitt Prüfung*), abzulegen, da sie eine Präsentation in Form eines Kurz-Videos bis Modulende veröffentlichen können und nicht mehr an reale Kurszeiten gebunden sind. Mehr Freiheit und Spielraum ergibt sich auch für den zeitlichen Umfang von asynchronen Präsentationen, die nicht mehr in das Korsett einer realen Kurseinheit, die mit anderen Prüfungskandidat_innen geteilt werden muss, gepresst werden.

Mit Einverständnis der Studierenden können die einzelnen Kurz-Videos im Online-Kursbuch auch für alle Inskribierten, also auch für Nicht-Frequentanten, zur Verfügung gestellt werden und somit ein nützliches Tool zur Prüfungsvorbereitung werden.

Ebenso können synchrone Online-Lektion aufgezeichnet werden und somit ein authentisches und nützliches Hilfsmittel für die zu leistende Konstruktions-, Rekonstruktions- und Dekonstruktionsarbeit der Studierenden sein.

Literaturverzeichnis

Adamzik, K. (2004). *Textlinguistik. Eine einführende Darstellung.* Tübingen: Max Niemeyer.

Adamzik, K. (2018). *Fachsprachen: Die Konstruktion von Welten.* Tübingen: (2. Aufl.) UTB .

Ariel Portale . (2020). Tratto il giorno 11 26, 2020 da Università degli Studi di Milano: https://ariel.unimi.it/

Austin, J. (1989). *Zur Theorie der Sprechakte (How to do things with words).* Stuttgart: Reclam.

Clancey, W. J. (1995). A tutorial on situated learning. Proceedings of the International Conference on Computers and Education. (J. (. W.J. Self, Hrsg.) Charlottesville. Abgerufen am 1208 2020 von http://methodenpool.uni-koeln.de/situierteslernen/clancey_situated_learning.PDF

CLIL. (2018). *Miur - Ministero dell'istruzione - Ministero dell'università e della ricerca.* Tratto il giorno 11 29, 2020 da https://www.miur.gov.it/clil1

Ellis, R. (2009). *Task-based language Learning and Teaching 10. Aufl.* Oxford: University Press. Oxford Applied Linguistics.

F.A.Z. GmbH. (05. 09 2018). *Kann Daimler Tesla Konkurrenz machen?* Abgerufen am 21. 11 2020 von FAZ.NET: https://www.faz.net/-gy9-9e291

Federal Reserve releases results of Comprehensive Capital Analysis and Review (CCAR). (2018, 06 28). Retrieved 12 10, 2020, from BOARD OF GOVERNORS of the FEDERAL RESERVE SYSTEM: https://www.federalreserve.gov/newsevents/pressreleases/bcreg20180628a.htm

Fluck, H.-R. (1997). *Fachdeutsch in Naturwissenschaft und Technik: Einführung in die Fachsprachen und die Didaktik/Methodik des fachorientierten*

Fremdsprachenunterrichts (Deutsch als Fremdsprache). Heidelberg: 2., neu bearbeitete Auflage. Groos.

Foerster, H. v., Glasersfeld, E. v., Hejl, P., Schmidt, S., & Watzlawick, P. (2016). *Einführung in den Konstruktivismus. 16. Aufl.* München Berlin Zürich: Piper.

Gibbons, P. (2009). *English Learners, Academic Literacy, and Thinking.* Portsmouth: NH: Heinemann.

Gibbons, P. (2002). *Scaffolding Language, Scaffolding Learning. Teaching Second Language Learners.* Portsmouth: NH: Heinemann.

Glaboniat, M., & u.a. (2013). *Internationale Prüfung Deutsch als Fremdsprache C2 Wirtschaftssprache Deutsch WD Übungsmaterialien 3. überarbeitete Aufl.* (Bd. 1). Wien und Klagenfurt.

Glaboniat, M., Müller, M., Rusch, P., Schmitz, H., & Wertenschlag, L. (2002). *Profile Deutsch. Gemeinsamer europäischer Referenzrahmen. Lernzielbestimmungen, Kannbeschreibungen, Kommunikative Mittel, Niveau A1-A2/B1-B2.* Berlin, München: Langenscheidt.

Glasersfeld von, E. (2018). Einführung in den radikalen Konstruktivismus. In W. Paul (Hrsg.), *Die erfundene Wirklichkeit. 11. Aufl.* (S. 16-39). München: R. Piper & Co.

Goethe-Institut . (2014). Materialien zur Prüfung Goethe-Zertifikat C1. Prüfungsziele Testbeschreibung. *Zertifikat C1 Modellsatz 10. aktualisierte Aufl.* (G.-I. e. Prüfungen, Hrsg.)

Goethe-Institut (Hrsg.). (11 2018). Goethe Zertifikat C2 überarb. Aufl. 50.

Goethe-Institut (Hrsg.). (2018). *MINT und CLIL im DaF-Unterricht. Ein Leitfaden.* München. Abgerufen am 29. 11 2020 von https://www.goethe.de/resources/files/pdf167/2018-leitfaden-clil-final.pdf

Kniffka, G. (November 2010). Scaffolding. *ProDAZ.* Von https://www.uni-

due.de/imperia/md/content/prodaz/scaffolding.pdf
abgerufen

Kniffka, G., & Roelke, T. (2016). *Fachsprachenvermittlung im Unterricht.* Paderborn: Schöningh UTB.

Kommission, Europäische. (2007). Schlüsselkompetenzen für lebensbegleitendes Lernen Empfehlungen des Europäischen Parlaments und des Rates. Luxemburg: Amt für amtliche Veröffentlichungen der Europäischen Gemeinschaften. Von http://www.kompetenzrahmen.de/files/europaeischekom mission2007de.pdf abgerufen

Kontutyté, E. (2017). Einführung in die Fachsprachenlinguistik. Vilnius: Vilniaus universiteto leidykla. Von https://www.academia.edu/38582336/Egl%C4%97_Kontut yt%C4%97_Einf%C3%BChrung_in_die_Fachsprachenlingu istik abgerufen

Lanz, M. (29. 06 2018). *Die Deutsche Bank fällt beim Stresstest des Fed durch.* Abgerufen am 10. 12 2020 von Neue Zürcher Zeitung: https://www.nzz.ch/wirtschaft/die-deutsche-bank-faellt-beim-stresstest-des-fed-durch-ld.1399178?reduced=true

Maturana, H. R. (1982). *Erkennen: Die Organisation und Verkörperung von Wirklichkeit. Ausgewählte Arbeiten zur biologischen Epistemologie. Wissenschaftstheorie, Wissenschaft und Philosophie* (Bd. 19). Braunschweig und Wiesbaden: Viehweg.

Modrow, E. M. (2002). *Pragmatischer Konstruktivismus und fundamentale Ideen als Leitlinien der Curriculumentwicklung (Diss.).* Scheden: Mathematisch-Naturwissenschaftlich-Technischen Fakultät der Martin-Luther-Universität Halle-Wittenberg. Von http://ddi.cs.uni-potsdam.de/Examensarbeiten/Modrow2003.pdf abgerufen

Nord, C. (2009). *Textanalyse und Übersetzen* (4., überarbeitete Auflage Ausg.). Tübingen: Julius Groos Verlag.

Nünning, V. (Hrsg.). (2008). *Schlüsselkompetenzen: Qualifikationen für Studium und Beruf.* Stuttgart/Weimar: Metzler.

ösd. (26. 11 2020). Von Österreichisches Sprachdiplom Deutsch: https://www.osd.at/ abgerufen

Portmann-Tselikas, P. R. (25. 10 2005). Was ist Textkompetenz. Zürich: Universität Graz. Abgerufen am 26. 11 2020 von https://www.ds.uzh.ch/wiki/Textkompetenz/uploads/Main/PortmannTextkompetenz.pdf

Reich, K. (2005). Konstruktive Methoden. (R. Kersten, Hrsg.) Abgerufen am 08. 12 2020 von Methoden.pool: http://methodenpool.uni-koeln.de/konstr_methodenpool.html

Reich, K. (2007). *Interaktionistischer Konstruktivismus.* Von Konstruktivismus Uni Köln : http://konstruktivismus.uni-koeln.de/start.html abgerufen

Reich, K. (Hrsg.). (2007). Leittextmethode S. 1-17. Von Methodenpool: http://www.uni-koeln.de/hf/konstrukt/didaktik/leittext/frameset_leittext.html abgerufen

Reich, K. (2009). *Die Ordnung der Blicke. Band 2: Beziehungen und Lebenswelt.* Von http://www.uni-koeln.de/hf/konstrukt/reich_works/buecher/ordnung/band2/PDF/reich_ordnung_band_2_komplett.pdf abgerufen

Reich, K. (2011). *Konstruktion und Instruktion aus Sicht der konstruktivistischen Didaktik.* (Bd. Unterrichtsgestaltung als Gegenstand der Wissenschaft (Basiswissen Unterrichtsgestaltung Band 2.). (K. Z. Ewald Kiel, Hrsg.) Baltmannsweiler: Schneider. Von http://konstruktivismus.uni-koeln.de/reich_works/aufsatze/reich_71.pdf abgerufen

Reich, K. (2012). *Konstruktivistische Didaktik* (5. Auflage Ausg.). Beltz.

Roland Berger Strategy Consultans. (o.D.). *Case Study: Windstrom AG.* Abgerufen am 26. 11 2020 von staufenbiel Institut:

https://www.staufenbiel.de/magazin/assessment-center/fallstudien/case-study-windstrom-ag.html

Scienze della Mediazione Linguistica e Culturale | Università degli Studi di Milano Statale. (09. 09 2020). Abgerufen am 10. 12 2020 von Università degli Studi di Milano Statale: https://www.unimi.it/it/corsi/facolta-e-scuole/scienze-della-mediazione-linguistica-e-culturale

Searle, J. R. (1971). *Sprechakte. Ein sprachphilosophischer Essay.* Frankfurt/Main: Suhrkamp.

Thissen, F. (1997). Das Lernen neu erfinden – konstruktivistische Grundlagen einer Multimedia-Didaktik. *LEARNTEC 97 Tagungsband.*

Università degli Studi di Milano. (2017). *Lingua tedesca ii (KO).* Tratto il giorno 12 12, 2020 da Università degli Studi di Milano La Statale: https://www.unimi.it/it/corsi/insegnamenti-dei-corsi-di-laurea/2019/lingua-tedesca-ii-ko2

Watzlawick, P. (2011). *Menschliche Kommunikation: Formen, Störungen, Paradoxien. 12., unveränderte Auflage.* Bern: Hans Huber, Hogrefe AG.

Watzlawick, P. (Hrsg.). (2018). *Die erfundene Wirklichkeit. 11. Aufl.* München: Piper.

Wittgenstein, L. (2003). *Philosophische Untersuchungen* (Bibliothek Suhrkamp 1372 Ausg.). (J. Schulte, Hrsg.) Suhrkamp.

Wolff, D. (1998). *Lernstrategien: Ein Weg zu mehr Lernerautonomie.* Von http://paedpsych.jk.uni-linz.ac.at/4711/LEHRTEXTE/Wolff98.html abgerufen

Abbildungsverzeichnis

Zeitfracht Medien GmbH
Ferdinand-Jühlke-Straße 7
99095 Erfurt, Deutschland
produktsicherheit@kolibri360.de